和经济学家聊成长

志向与格局

李毅 编著

西南财经大学出版社
Southwestern University of Finance & Economics Press

中国·成都

图书在版编目(CIP)数据

和经济学家聊成长:志向与格局/李毅编著.—成都:西南财经大学出版社,2024.3
ISBN 978-7-5504-6101-7

Ⅰ.①和… Ⅱ.①李… Ⅲ.①经济学家—生平事迹—世界—青少年读物 Ⅳ.①K815.31-49

中国国家版本馆 CIP 数据核字(2024)第 037887 号

和经济学家聊成长:志向与格局
HE JINGJIXUEJIA LIAO CHENGZHANG:ZHIXIANG YU GEJU

李 毅 编著

总 策 划:李玉斗
策划编辑:周晓琬 陈进栩 何春梅
责任编辑:周晓琬
助理编辑:陈进栩
责任校对:李思嘉
封面设计:星柏传媒
责任印制:朱曼丽

出版发行	西南财经大学出版社(四川省成都市光华村街55号)
网 址	http://cbs.swufe.edu.cn
电子邮件	bookcj@ swufe.edu.cn
邮政编码	610074
电 话	028-87353785
照 排	四川胜翔数码印务设计有限公司
印 刷	四川五洲彩印有限责任公司
成品尺寸	148mm×210mm
印 张	5
字 数	92 千字
版 次	2024 年 3 月第 1 版
印 次	2024 年 3 月第 1 次印刷
书 号	ISBN 978-7-5504-6101-7
定 价	35.00 元

前　言

亲爱的青少年朋友们：

习近平总书记 2021 年在清华大学考察时说道："广大青年要肩负历史使命，坚定前进信心，立大志、明大德、成大才、担大任，努力成为堪当民族复兴重任的时代新人，让青春在为祖国、为民族、为人民、为人类的不懈奋斗中绽放绚丽之花。"

在现在这个机会和挑战并存的时代，拥有远大的志向和开阔的视野对青少年来说至关重要。只有明确了人生追求和理解了这个世界的广阔，你们才能在抓住机遇的同时应对各种挑战。

本书将向你们介绍一系列中外闻名的经济学家。他们都有高远的志向和宽广的格局，不论是在现实经济工作中还是在经济学理论中都做出了杰出贡献，同时他们为国家、为民族、为真理而奋斗的精神还激励着一代一代的后来者。在书中你们可以看到明代学者黄宗羲一生都在为国家的兴盛和人民的幸福而奋斗，即使在最困难的时刻，他仍然保持着对国家的忠诚和对未来的希望。又比如明代的徐光启偶然看到世界地图，了解到地球是圆的，这打破了他的世界观，之后他为了中国的科学繁荣发展耕耘终生，为一个时代开启了西学东渐的先河。再比如当代学者林毅夫怀揣着对祖国的热爱之心，毅然地从台湾游到大陆，最后成为经济学大家。

这样的事例在本书中还有很多，有从小就立志用经济学报效祖国的马寅初、卫兴华，有决心改变经济学发展的尹世杰、大卫·李嘉图，有坚持真理的吴敬琏、威廉·刘易斯……希望通过这些故事的启发，广大的青少年朋友能明确自己的人生追求，并从长远的角度来思考问题，只有这样才能在这个复杂多变的世界中找到自己的方向。志向与格局就是少年的梦、少年的灯塔。在生命的长河之中有些人不知方向，而拥有"灯塔"的你们将会扬帆远航。你们不但要实现自己的理想和抱负，还要为国家和民族的发展供献自己的力量。正如习近平总书记嘱咐青少年的："历史和现实都告诉我们，青年一代有理想、有担当，国家就有前途，民族就有希望，实现我们的发展目标就有源源不断的强大力量。"

最后，祝你们阅读愉快！

李毅

2023 年 10 月

目　录

抱负篇

朋友篇

实践篇

2

爱国篇

气节篇

真理篇

小明是一个勤奋好学的青少年，他对知识充满渴望，对未来充满期待。然而，随着对社会的了解，他开始感到自己对未来的成长方向越来越迷茫。他思考着自己的兴趣和天赋，却不确定应该选择怎样的道路。这种迷茫让他感到焦虑和困惑，甚至有时在夜深人静的时候，他会躺在床上长时间地思考，对未来产生怀疑。

　　一天晚上，小明感到疲惫不堪，他在书桌前趴下，渐渐地陷入了沉睡。在梦中，他来到了一个神秘的地方，准确来说是一座金碧辉煌的宫殿。走进去，正门的石柱上左刻"经济学家居住地"，右书"人生疑惑解答处"。呀！向前望去，大厅里面林立着六个房间，奇怪的是房间上面挂着些什么"真理""朋友"的门牌。"这些房间名字也太奇怪了吧"，小明一边说着，一边推开了自己面前的门……

抱负篇

　　进入房间内的小明才知道这里聚集了古今中外的经济学家。他们有的穿着古代长袍，有的西装革履，他们在这里等待着小明，等待着他的生活中的疑问……

您觉得一个人如何才能不被外界干扰，从而实现自己的抱负？ 小明

孟子 人需要坚定的信念和正确的价值观，同时也需要不断地学习和实践，才能不被外界干扰。

您是如何成为一个有格局的人的？ 小明

吕不韦 通过不断学习和实践，努力成为一个学识渊博的人。

3

您认为抱负对一个人的成长和发展有何重要性？ 小明

苏轼 抱负对一个人的成长至关重要。它可以给人以方向和目标，激励人们不断前行。

有时候我还是怀疑我自己能不能实现自己的抱负。 〉小明

丘浚 〈 焉知鱼不化为龙？

您如何将兴趣和天赋与您的抱负相结合的？ 〉小明

林毅夫 〈 我首先会找到我感兴趣的东西，并通过不断学习把它变成自己的长处，最终在成长过程中发挥这个优势。

阿奎那 〈 你觉得谁是真正能改变世界的人？

4

本来我觉得我就是一名普通的学生，但是听了你们的话，我感觉我会实现自己的抱负，成为那个真正改变世界的人！ 〉小明

经济学家们 〈 那你不妨再看看我们的人生经历和故事吧！加油！

孟子： 不辜负母亲的殷切希望

生平简介

　　孟子是中国古代儒家思想的代表人物之一。孟子，名轲，是战国时期的一位哲学家、政治家、教育家和文化名人。孟子的家庭非常贫困，但他自幼聪明好学，十分热爱读书。孟子的思想强调人性本善，主张统治者施行仁政以维护社会统治。孟子曾仿效孔子，带领弟子游说各国，但不为当时各国所接受，便退隐与弟子一起著述。孟子的思想对中国的政治、教育、文化和社会发展产生了深远的影响。

5

主要理论/贡献

　　孟子的核心思想是性善论和仁政学说。对于性善论，孟子强调人性本善，认为人类天生有良心和道德，而这种良心和道德可以通过教育和修养来发扬光大。他主张仁爱、博爱，反对战争、暴力，提倡和平、和谐和宽容。对于仁政，主张"民为贵，社稷次之，君为轻"，提出了一套仁政学说。仁政学说在经济方面的具体表现有三方面。其一，制民之产，"无恒产而有恒心者，惟士为能。若民，则无恒产，因无恒心"。其二，薄其税敛，"易其田畴，薄其税敛，民可使富也"。其三，重商惠商，"子不通易其事，以羡补不足"。孟子的经济思想是建立在他的仁政学说之上的，这种思想有助于减轻普通民众的负担，缓解阶级矛盾。尽管其本质是维护封建统治者的利益，但其所弘扬的爱民、惠民精神，无不闪耀着人性的光辉。

6

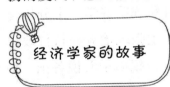

经济学家的故事

《三字经》里有这样两句话："昔孟母，择邻处。子不学，断机杼。"这两句话讲的是孟子小时候的故事。

当孟子还是个小孩子的时候，他们的家在墓地附近，常有人举办丧事活动，大人们为死去的亲人哭泣。小孟子就和小伙伴们也有样学样地模仿起来，孟子的妈妈是一位非常有远见的人；她深知孩子的成长环境对于其未来发展有着至关重要的影响。孟子的妈妈发现这一情况后意识到墓地附近不适合孩子们的成长，因此果断地搬离了那里，下一站落脚在了一个菜市场里面。

在这个新的环境里，孟子看到卖菜的叔叔阿姨们叫卖，他便开始模仿着菜市场里的叫卖声，模仿着如何卖水果和蔬菜。孟子的妈妈发现后虽然没有第一次那么吃惊，但她仍然认为这个地方并不利于孟子的成长，于是又一次果断地搬离了这里。这一次，孟母搬到了学校附近，在这里，孟子可以听到书声琅琅，可以看到学生们认真学习的样子。于是孟子开始模仿着校园里的读书声，在这个新的环境里，渐渐地成为莘莘学子中的一员，开始认真学习。这时，孟子的志向就是要成为一名读书人。

但孟子上学，有时候还是很调皮的。有一次孟子逃课了，回到家里。孟母并没有直接批评他，而是拿出了她刚织好的布料，用剪刀把布料都给剪断了。孟子看到母亲手上因为织布而磨起的厚厚的茧子，以及母亲剪碎在地上的布，幡然醒悟，痛改前非。孟母用这个场景告诉孟子，学习就像这块布一样，一寸一缕地连在一起，不能中途放弃。

在母亲的监督和鼓励下，孟子渐渐长大，最终成为著名的思想家。他的学说影响了中国几千年的历史。

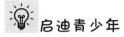启迪青少年

马克思说过，"人创造环境，同样环境也创造人"。从孟子成长的故事之中，我们看到环境对于一个人的成长和发展至关重要。孟子的妈妈深知这一点，她不断地为孟子寻找最适合的成长环境，让他能够接触到正确的事物和人，帮助他成为一位伟大的思想家。但我们也知道，很多人有好的成长环境，最后也没有取得好的成绩，甚至还走向歪路。这说明，当环境变化后，孟子自身也及时做出了改变和调整，确立了自己的志向，并通过不断努力，成为伟大的思想家。

吕不韦： 胸中有丘壑， 机会不错过

生平简介

吕不韦，卫国濮阳人，是中国战国时期政治人物，初为大商人，在韩国阳翟经商，因"低买高卖"而"家累千金"。后来成为秦相，封文信侯，在秦为相十三年。他广招门客，以"兼儒墨，合名法"为思想中心，合力编撰《吕氏春秋》，系统性地提出自己的政治主张，后为先秦杂家代表人物之一。执政时曾攻取周、赵、卫的土地，立三川、太原、东郡，对秦王嬴政兼并六国的事业有重大贡献。后因嫪毐集团叛乱受牵连，被免除相邦职务。不久，秦王嬴政下令将其流放至蜀，吕不韦忧惧交加，自鸩而亡。

9

主要理论/贡献

吕不韦深刻理解并赞同商鞅的土地制度改革，积极推进其发展和完善。他认识到通过废除奴隶制度，实行土地私有制，可以有效提高人民的劳动积极性和农业生产效率。同时，他对统治阶级的农业经济管理进行了约束和规划，认为政府有责任管理和维护农业劳动者队伍。为此，他对农业劳动力的行为进行了严格的限制，保障农业劳动力的壮大，并严格限制管理者的权力，以确保劳动力能够专注于工作。吕不韦认为商业是国家经济发展的重要支柱，商人应该受到尊重和保护。他提倡商业自由，主张减少对商人的税收和限制，鼓励商人积极投资和创业。吕不韦通过免征商业税和开放更多商道，使各地货物流通更加便利。他还规定了同类型商品的统一赋税标准，实行专税专用的原则，使政府的赋税管理和应用体系更加完善和科学。

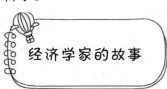

经济学家的故事

　　在很久以前的战国末年，商人的地位在当时是相对较低的，于是吕不韦谋划布局想要提升自己的社会地位。他经常往来于各地，以低价买入、高价卖出的方式，积累了许多财富。有一天，他在赵国遇到了一个人，这个人叫异人，异人是作为秦国的人质被派到赵国的。吕不韦非常高兴，觉得机会来了，因为他认为异人就像一件珍贵的货物，可以囤积起来等待高价售出。于是他资助异人，让异人成功地成了秦国新太子，不久后又成为秦国的国君——秦庄襄王。吕不韦因此次投资成功，很快成为秦国的相国。但秦庄襄王只在位三年就病死了，由他的13岁儿子嬴政继承了王位，嬴政就是历史上有名的秦始皇。吕不韦被嬴政尊为仲父，掌握着秦国的行政大权，与太后赵姬一起执掌国家大事。

在那个时代，养士之风非常盛行。魏国有信陵君，楚国有春申君，赵国有平原君，齐国有孟尝君，他们都以礼贤下士、结交宾客而闻名于世。吕不韦认为秦国如此强大，自己也是堂堂秦国丞相、秦王的仲父，不应该被其他国家的养士规格比下去，更为重要的是他认为养士能够给自己带来非常大的收益。因此，他招募了许多文人学士，并给予他们优厚的待遇，门下食客多达3 000人。这些门客作为他的智囊团，常常想出各种办法来巩固他的政权。门客们来自不同的阶层和背景，他们各有各的见解和心得。吕不韦将这些见解和心得汇集起来，编成一部20余万字的巨著，名为《吕氏春秋》。吕不韦将这部书作为秦国治理天下的经典，并将书的内容写在布匹上，之后将布匹放在咸阳的城门上，上面悬挂着1 000金的赏金，遍请各国的游士宾客，若有人能增删一字，就给予1 000金的奖励。但最终没有一个人能够做到。吕不韦因他的才华和智

11

慧成为一位伟大的政治家和文化人物，他的《吕氏春秋》也成了中国古代文化的重要遗产。

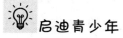 **启迪青少年**

这个故事启示我们，一个人的志向和格局是非常重要的。吕不韦通过自己的智慧和努力，成功地提升了自己的社会地位，并成了一个伟大的历史人物。他不仅仅是一个商人，更是一个有远见和抱负的人：投资异人，位及相国；招募文人学士，汇集巨著。这些都是他的志向和格局的体现。因此，我们应该有一个远大的志向和宽广的格局，不断地努力去实现自己的目标，提升自己的能力和素质。我们也应该关注社会发展的趋势，抓住机遇，积极投资自己，实现自己的人生价值。此外，我们应该注重文化的传承和创新，不断地学习和研究，为社会的进步和发展做出自己的贡献。

苏轼： 不是功成身退而是未雨绸缪

生平简介

苏轼，字子瞻，号铁冠道人、东坡居士，世称苏东坡。他出生在眉州眉山，祖籍河北栾城，是北宋时期的文学家、书法家、画家，也是历史上著名的治水名人。他的父亲是苏洵，弟弟是苏辙，父子三人合称为"三苏"。在嘉祐二年，他参加了殿试中的乙科考试，被授予进士及第的荣衔。在宋神宗统治时期，他曾在杭州、密州、徐州、湖州等地担任职务。然而，在元丰三年，他因为参与了"乌台诗案"，被贬为黄州团练副使。直到宋徽宗时期，他才获得赦免并返回北方，但不久后因病在常州去世。南宋时期，他被追赠太师，并被追谥为"文忠"。

13

主要理论/贡献

  苏轼的经济思想具有明显的反传统倾向。在义利观和商业思想方面，他提出了驱民归商和反对大众国富论的观点。苏轼注重平衡，包括人口平衡、性别平衡和各地区各行业之间的平衡。他主张移民以实现人口的地区平衡，不仅强调农业发展，还主张保护手工业者和商贾的利益，以维护社会各行业间的平衡。苏轼反对过多的国家干预，主张听任民众自行追求利益。具体表现在他反对官营禁榷等政策。他的经济思想创新之处在于打破了崇尚本业抑制末业的传统教条，他是中国经济思想史上第一个提出农末皆利观点的人，并首次提出了驱民归商的观点。他也首次论述了商业流通领域中出现的预买、赊卖等商业经营形式。

经济学家的故事

  1077 年 4 月，苏轼被任命为徐州太守。他到任后的 7 月，黄河在澶州曹村决口，8 月洪水抵达徐州，很快涌到城下。加上连续的暴雨，城墙面临被冲塌的危险。苏轼在《登望洪亭》诗中写道："河涨西来失旧堤，孤城浑在水光中。忽然归塑无寻处，千里禾麻一半空。"苏轼用诗歌描绘了洪水围困徐州城的情景，形势非常严峻。这时，城中的富户带着财宝逃离城市，苏轼知道如果富户离开，民心就会动摇。因此，他下令让手下拦截富户出城。他向城中的老人和乡亲请教抗洪经验，并征集了5 000多名民夫加固堤坝、修复城墙。然而，人力不足，苏轼前往当地的驻军武卫营，对卒长说："河水将要危害城市，事情紧急，禁军也要全力以赴。"卒长被苏轼的精神所感动，回答说："太守不避涂泥，我们这些平民，应当效命。"于是，他率领士兵拿着土筐和铁锹，连日奋战抗洪。

在众志成城、士气高昂的气氛中，人们很快在城东南筑起了一道长堤，成功阻止了黄河的洪水。然而，暴雨持续不断，积水无法排出，水位越来越高，最后距离淹没城市只有三尺之遥。然而，苏轼却表现得非常镇定，在城墙上搭起了一个临时帐篷，住在里面，全力调度官员分段守卫。军民看到太守的帐篷，感到安心，信心更加坚定。经过多个日夜与洪水进行艰苦战斗，最终天晴了，徐州城得以保全。10月，黄河恢复了原来的水位，洪水逐渐退去。1078年5月，朝廷发布诏书，表彰苏轼修筑城墙和抗洪救灾的功绩，充分肯定了他在治水方面的成就。

尽管洪水已经退去，苏轼仍然担心黄河洪灾会再次发生。为了长远打算，避免徐州百姓再次遭受苦难，苏轼决定提前做好准备，修复和加固徐州的水利工程。《宋史》中记载道："（苏轼）再次请求调来岁夫增筑故城，建造木岸，以应对虞水的再次涨水。朝廷同意了。"苏轼完成增筑故城等防洪工程后，这些工程确实发挥了重要的作用，从此徐州城一直安然无恙。

 启迪青少年

16

　　面对严峻的形势，苏轼没有退缩，而是毅然决然地选择留守城中，并带领士兵和民众一起抗洪救灾。他的决心和勇气激励大家齐心协力，最终成功地保住了徐州城。尽管洪水已经退去，苏轼仍然没有松懈，而是深思熟虑地做好提前准备，修复和加固水利工程，以预防未来的洪灾。他的故事告诉我们，志向和格局对一个人的影响是巨大的。苏轼以其卓越的领导才能和无私奉献的精神，带领徐州人民度过了洪水危机，并为城市的长远发展做出了重要贡献。他的行动给我们树立了一个榜样。无论面对何种困难和挑战，我们都应该保持积极乐观的态度，勇往直前，为实现自己的志向和目标而努力奋斗。同时，我们也应该关注长远，为未来做好准备，为社会的福祉贡献自己的力量。

丘浚： 焉知鱼不化为龙？

生平简介

丘浚，字仲深，出生于琼山，是明代中期著名的思想家、史学家、政治家、经济学家和文学家。他被明孝宗封为"理学名臣"，并被史学界誉为"有明一代文臣之宗"。丘浚一生涉猎广泛，研究领域包括政治、经济、哲学、文学、医学、戏剧等方面。他提出了比英国古典经济学家威廉·配第的"劳动价值论"早 180 年的"劳动决定商品价值"观点。丘浚在任上去世，享年 76 岁。他被追赠为太傅，并谥号为"文庄"。

17

主要理论/贡献

在明代近 300 年的历史中，丘浚的经济思想最具有系统性和重要性。他的最显著特点是主张经济自由，认为皇权和官方不应该干涉经济，应该让经济自由发展。他反对加税、控制土地兼并、官僚商人等。可以说，明代中后期以后的许多思潮、政策和党争都在不同程度上受到了他的影响。例如奢侈论、享乐思潮等，都间接地受到他的思想。王阳明、高拱、张居正等人的执政思想也都可以追溯到他的影响。他最著名的理论是"相生相养论"，即每个人都应从事一种职业来进行经济活动，而人们的经济活动又相互制约、相互依存。统治者的任务就是让每个人都发挥各自的作用。但统治者不应直接干预经济活动，应坚持"自为论"，甚至对于高利贷等现象也应该任其发展。

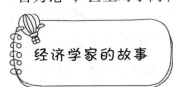

经济学家的故事

　　丘浚在幼年丧父后，家境很困难。但母亲看他聪明伶俐，特地送他去读私塾。丘浚的记忆力非常好，而且在幼年时，祖父也教了他很多知识。因此，他进入学校后，诗文词赋，一教即会。尽管生活清苦，母亲因为有丘浚这样聪明的儿子感到充满希望，没有一点怨言。

　　在丘浚所读的私塾里，还有其他十几个孩子。其中有一个来自官宦人家的孩子，性格愚笨，又不愿吃苦，傲慢跋扈。有一天下雨，丘浚的座位靠近窗户，座位被雨水淋湿了。这时候官宦子弟还没来，丘浚就坐到了他的位置上。过了一会儿，官宦子弟来了，看到自己的座位被占了，就把丘浚推开。丘浚因为自己的座位不能坐，请求他共同坐在一个位置一段时间，但官宦子弟不同意，还和丘浚吵了起来。老师来到了解情况后，对他们说："你们不必争了，我给你们出副对联，谁答得好，谁就坐这个位置。"于是老师说："细雨肩头湿。"丘浚随口回答："青云足下生。"老师对他的应对感到惊讶。而那个官宦子弟想了很久也答不上来，又羞愧又恼怒，气愤得转身回了家。

回到家里，官宦子弟向父亲哭诉丘浚欺负他的事情，并对事情添油加醋，官员听后非常生气，立即派人传唤丘浚。丘浚当时正在私塾里读书，官府派人来叫他时，老师和同学们都为他捏了一把汗，但他却毫不慌张地跟着差人来到官府，那位官员威严地坐在厅堂上，傲慢地审视着这个不知天高地厚的年轻人。丘浚上前行了个礼，然后站在一旁等待发落。官员盯着丘浚大声喝道："谁谓犬能欺得虎？"意思是，你作为一个平民百姓的儿子，怎敢欺负官员的儿子。丘浚却一脸淡定，从容而又自豪地回答道："焉知鱼不化为龙？"官员听了他的话，惊为天人，急忙下座，握住他的手说："怠慢，怠慢，小小年纪才高八斗，志存高远，将来必成大器。"然后他吩咐下人热情地招待丘浚，并嘱咐自己的儿子要多向丘浚学习，以后不可轻视同学。从那时起，神童丘浚的名声传遍了大街小巷，无人不知。丘浚勤奋学习，考中功名，仕途一帆风顺，先是中了解元，然后考中进士，被选入翰林院，最终成为一代名臣。

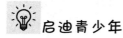

　　丘浚在面对官宦子弟的挑衅时没有退缩，而是用自己的才智给出了出色的回答，展示了他的志向和格局，表明了他对自己的自信和自己勇于追求卓越的决心。丘浚在科举考试中取得了优异的成绩，并且在官场上一直以廉洁清正为人。他不仅乐于行善、慷慨解囊，还将这种追求卓越的品质传承给了他的后代。这个故事告诉我们，志向和格局决定了一个人的成就和命运。丘浚凭借自己的才智和品质，克服了困境，取得了成功。无论遇到什么困难和挑战，我们都应该坚持追求卓越，保持谦逊和坚毅的品质，相信自己的潜力，努力实现自己的志向。

林毅夫： 跨海而归的赤子之心

生平简介

林毅夫，1952 年生于中国台湾，北京大学新结构经济学研究院教授、名誉院长。被誉为中国改革开放的最重要经济学家之一，是改革开放以来第一位海归经济学博士。曾担任世界银行高级副行长兼首席经济学家。现任第十四届全国政协常委、经济委员会副主任。林毅夫的研究领域主要包括农村农业问题、贫困问题、经济发展等。在长期研究中，林毅夫形成了一整套关于经济发展的见解，深受全球经济学界关注及尊重。

21

主要贡献

林毅夫长期从事关于中国经济改革开放的研究，是中国改革开放的重要学术支持者与实践参与者，为中国的改革开放提供了理论依据，为国际发展经济学理论体系做出了重要的贡献。林毅夫长期关注中国农村发展和贫困问题，提出了很多有关加强农业发展、促进农村经济结构转型和减轻贫困负担的政策建议。林毅夫植根改革开放的实际，自主创立并实践了新结构经济学理论体系，并使其成为现代研究中国经济问题的一种重要的研究方法和视角。

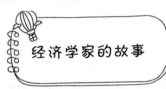

　　小时候，林毅夫的父亲就对林毅夫有很大的期望，希望儿子为人正直，能为国家和民族做贡献。在父母的教导下，林毅夫从小就牢记孙中山先生的遗训：唯愿诸君将振兴中华之责任，置之于自身之肩上。

　　1978 年，林毅夫从台湾政治大学毕业以后被分配到金门 284 师任马山连连长。马山是金门岛上距离中国大陆最近的据点，直线距离只有 2 000 余米，可以通过望远镜清楚地看见对岸的活动。有一天，林毅夫偷偷买了一台半导体收音机，因为在当时部队是不允许私自拥有收音机的，所以他只能在夜晚的时候打开收音机收听中国大陆的电台。通过电台信息，他知晓了中国大陆的现状，那时正值改革开放，中国大陆经济飞速发展，正需要人才。得知这一消息后，他对中国大陆经济的改革和发展产生了极大的兴趣，暗暗下定要为祖国做出贡献的决心，但面对海峡的隔绝，林毅夫感到十分痛苦。无意间，林毅夫听说十年前台军有一位排长游泳到对岸，这给了他很大的启发。从那时候起，林毅夫就决定为了人民、为了祖国，要依靠自己的力量横渡台湾海峡，游到对岸去！

说干就干，为此林毅夫做好了充足的准备，他每天锻炼，苦练游泳基本功。一切准备就绪之后，1979 年 5 月 16 日晚上，他先是借助自己连长的身份假传"军事演习"的命令，为自己拖延时间。待时机成熟，他一头扎进冰冷的海水中，尽力向对岸游去，历经三个小时终于游到了距离金门 2 000 多米的福建，完成了惊险却成功的渡海行动。

之后，几经辗转，林毅夫最终得以进入北京大学深造，主修经济学，北京大学毕业后又留学美国芝加哥，在求学的日子里，他不断钻研经济学，努力提高自己的学识，为祖国将来做出更多的贡献而不懈努力。他曾说过"真正的知识分子要以天下为己任"，他始终在用实际行动践行这句话。

林毅夫的故事充满了勇气、坚持和爱国之情，而他的行动也激励着一代又一代的年轻人，让他们更加坚定自己为祖国发展贡献一份力量的信念。

启迪青少年

　　林毅夫能从台湾游到福建，最后成为经济学大家，最重要的原因是他始终怀揣热情和梦想：热爱祖国，为祖国的强盛而奋斗。虽然在其中经历了很多艰苦的历程，但是他从未放弃自己的理想和信念。同时，林毅夫始终牢记以天下为己任，致力于研究中国经济问题，坚信只有发展中国经济才能让中国走向繁荣富强。强烈的爱国之心和责任感支撑他渡过重重难关，取得了巨大的成就。这也启示我们要担当起时代赋予我们的使命，不断扩展我们的知识和视野，努力提升自己的学识和能力，为我们的祖国做出更多的贡献。

24

阿奎那： 谁是真正能改变世界的人？

生平简介

圣托马斯·阿奎那约于 1225 年出生于意大利南部的一个贵族家庭，从小学习神学，后来获得神学博士学位。1266—1273 年，他撰写的知名著作《神学大全》奠定了基督教自然神学的理性基础。阿奎那最终成为中世纪欧洲经院派哲学家和神学家，是自然神学最早的倡导者之一，也是托马斯主义的创始人。

主要理论/贡献

在经济学上，阿奎那认为一切财富都属于上帝。因为根据自然法的理论，私有财产并非自然化所创立的，所以从根本上来讲，财富是上帝所赠的，虽然按自然化来讲，私有财产不是自然法所创立的，但是自然法也是不完备的，因此人类根据自己的理智对自然法又作了修改，创立了私有制。阿奎纳认为，财富应该分为两种：一种是自然财富，另一种是人为财富。所谓的自然财富，包括食物、牲畜、土地等。金钱是属于人为财富。他认为取得金银财宝不应该成为人生的目的，在他看来自然经济才是正常的经济，是人类幸福的基础。而人为财富，他认为其并不是人类所应该追求的目标。

经济学家的故事

26

　　阿奎那从小长得就像牛似的非常笨重，他走起路来步履蹒跚，做事也不懂得变通，因此被称为"笨牛"。然而，他在智力上并不笨，能够理解所读过的书籍。有一次，有同学说窗外有一头会飞的牛，大家都没相信，阿奎那相信了，全班同学哄堂大笑，取笑阿奎那的愚蠢："牛怎么会飞呢！"阿奎那却说，自己宁愿相信牛会飞，也不愿意相信同学、朋友会欺骗自己。对于相信会飞的牛与相信同学的欺骗，后者更让人感到可笑和荒谬。

　　"笨牛"阿奎那出生于意大利南部的名门望族，是当之无愧的贵族。他的父亲期望不高，只希望他长大后能做个修道院的院长，好与家族地位相匹配。然而，年轻的阿奎那决定做一名乞讨的托钵修士，誓愿追求贫穷和简单的生活。这令整个家族的人都非常生气，认为这是对家族荣耀和自身阶层的背叛。有一次，阿奎那和他的同伴们在前往巴黎的路上被绑匪劫持。这让人不禁想问，为什么会有人绑架一个以乞讨为生的修士呢？原来，绑匪是阿奎那的两个哥哥。他们撕碎了阿奎那的修士袍，把他囚禁在城堡的高塔里，毫不留情地指责他背叛了家族和阶层的荣耀，因为他发誓要过绝对贫穷的生活。阿奎那的"离经叛道"之举伤害了整个家族的自豪感。

阿奎那被囚禁在高塔里后没有向家人屈服。于是他的哥哥们便想要为阿奎那找一位伴侣来约束阿奎那。但阿奎那志不在此，认为这是对自己极大的侮辱。他用实际行动表明了自己的意志：家人们进来时他正坐在书桌前，他起身把人都赶出囚禁着自己的房间，然后重新坐到书桌前，并许下三个誓愿：贫穷、独身以及顺从神的旨意。

启迪青少年

后来英国作家切斯特顿说，阿奎那是一位当之无愧的"圣徒"。"圣徒"跟普通人不一样的地方在于他愿意做一个普通人。"圣徒"早就超越了出人头地的愿望，正是这种不愿意出人头地的心态使他们卓尔不群。阿奎那的一生，无论是在家族还是在修道院，都是在追求自己内心真正的渴望。他不愿意被物质所束缚，不愿意被社会的阶层所限制，他希望通过自己的努力，追求真正的自由和内心的平静。阅读阿奎那的故事，可以让人去思考人生的意义和价值。无论我们处在什么样的环境中，只要我们拥有正确的志向和格局，就能够实现自己的梦想，走出一条属于自己的人生道路。

朋友篇

在这小明梦见了管仲、范蠡、张英以及徐光启这几位经济学家，并向他们说出了自己心中的疑惑。

我在成长中缺少朋友，您认为朋友对青少年成长有什么作用？ 小明

管仲 与朋友交往，我们就有机会一起探索自己的兴趣、信仰和人生目标。朋友可以互相启迪，共同进步，形成正向的影响力。

您在迷茫的时候是否和朋友们交流过你的困惑？他们是如何帮助你的？ 小明

30

范蠡 是的，我和朋友们交流过我的困惑，我在人生的各个阶段都离不开朋友们的帮助，他们给了我很多鼓励和建议，让我更加坚定和安心。

您认为朋友在你的成长道路上扮演的角色有哪些重要的作用？ 小明

徐光启 我觉得朋友在我成长道路上的作用非常重要，他们的支持和鼓励让我有力量去面对困难。他们的理解和支持让我觉得我并不孤单，也让我更加有信心去寻找自己的方向。

您是否曾经在朋友的帮助下找到了新的方向和目标？ 小明

张英 是的。他们向我提供建议和支持，让我重新审视自己的兴趣和能力。他们的鼓励和指导让我更加自信以及更加坚定地朝着自己的目标前进。

经济学家们 你不妨再看看我们的人生经历和故事吧！加油！

31

管仲：与朋友共同进步的名相

生平简介

管仲是中国春秋时期齐国的名臣。和历史上很多的"牛人"一样，管仲虽然出生在贫寒的家庭，但是他通过勤奋努力，最终学有所成。在得到朋友鲍叔牙的举荐后，管仲担任了齐国宰相，辅佐齐桓公成为春秋五霸之首。他对内大兴改革、富国强兵；对外尊王攘夷，九合诸侯，一匡天下，被尊称为"仲父"。管仲治理齐国十分出色，为齐国和百姓做出了贡献，成为古代中国历史上的杰出人物，后人尊其称为"管子"。

主要理论/贡献

管仲的主要经济理论是"富国强兵"，他认为一个国家的经济繁荣和军事力量是密不可分的。他提出了一系列措施来促进经济发展，如均田制，减轻了农民负担，促进了农业生产；他还提倡消费，鼓励通过消费来发展经济；他鼓励商业发展，提高了国家的收入。在军事方面，他认为要加强对军队的训练，提高军队的素质，以此来保卫国家的安全。他还在建设更加集中和更加高效的政府方面发挥了关键作用。他改革了税收制度，创建了新的法律，并建立了一个奖罚分明的制度，以鼓励善治。管仲的理论和贡献对当时的齐国产生了重要的影响，被后人广泛传颂。

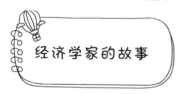

经济学家的故事

33

　　管仲虽然在政治、军事和经济等方面都有着卓越的才华和成就，但是他的成功并不是一蹴而就的，他在青少年时期其实经历了许多困难和挑战。

　　管仲出生在一个贫苦的家庭，父亲早逝，他和母亲相依为命，家境十分困难。小管仲志于回报养育自己的母亲。他的好朋友鲍叔牙和他一起投资做生意，本金的大部分是鲍叔牙出的，分钱的时候管仲却拿得多，连鲍叔牙的仆人都看不下去，要啰唆一下。但鲍叔牙却说，管仲家境贫寒，要照顾母亲，多拿一些也没关系。后面管仲和鲍叔牙一起参军，鲍叔牙英勇冲锋，但是管仲却总是躲在后面，大家都骂管仲是个贪生怕死之人。这时，鲍叔牙又站出来替管仲解释："他不是怕死，而是得留着命去照顾老母亲！"

当时在位的齐国君主齐襄公每天只知道吃喝玩乐，不理朝政，道德败坏。管仲和鲍叔牙预感齐国再这样下去将会发生内乱，国家将一蹶不振。他们立志要让齐国强大起来，不让人民陷入水深火热之中。于是，二人选定辅佐仅有的两位可能继承王位的公子。管仲跟随了公子纠，而鲍叔牙跟随了公子小白。齐国后来果真发生了内乱，公子纠和公子小白都抢着回国继承王位。管仲这时为了能让公子纠继承王位，想在路上杀掉公子小白，但是公子小白没死反而回国当了王。

当了王的小白要封鲍叔牙为相，鲍叔牙却向小白举荐了管仲。鲍叔牙认为管仲各方面都比自己强，应该请他来当宰相。小白一听，不免反问："管仲要杀我，他是我的仇人，你居然让我请他来当宰相？"鲍叔牙解释道："他是为了他的主人纠才这么做的。"大度的小白于是拜管仲为相。管仲也没有辜负好朋友的期望，振兴了齐国的军事和经济，辅佐小白成为春秋五霸之首，自己也名垂青史。

管仲一路走来都有好朋友鲍叔牙的帮扶，"管鲍之交"的两人中更多的是鲍叔牙的让步成全了管仲，反过来，管仲不管是在功成名就之前还是之后，一直和鲍叔牙一起投资赚钱、共谋大事，两人是一步步共同成长的。两位朋友共同成长的背后，是管仲内心的宏志：报母恩，强国家。

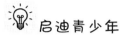 **启迪青少年**

　　"管鲍之交"这个成语就来自管仲和鲍叔牙的故事。他们之间的深情厚谊不是凭空建立的，而是两人都有相同的远大的志向：都希望让齐国强大起来，都希望让齐国人民过上安居乐业的好日子。同时，两人的友谊也是建立在两人长期的相互了解、相互信任、相互坦诚和相互谅解的基础之上的。正是由于鲍叔牙的无私大度的大格局以及彼此的信任、相知、理解、感恩以及默默的付出，才浇灌出了馨香而持久的友谊之花，并造就了一段令人津津乐道的千古美谈。管仲和鲍叔牙二人就像绿叶和花苞，绿叶给花苞提供养分，花苞为绿叶开出鲜艳的花朵。我们的成长路上也会遇到许多的好朋友，珍惜我们的好朋友，和他们共同学习、共同成长、共同进步。当多年以后回过头来看，正是年轻时候结交的朋友不经意间的帮助才让自己变得更加优秀，这些朋友也成为自己生命中重要的同路人。

35

范蠡： 合作共赢

生平简介

范蠡是春秋末期政治家、军事家、谋略家、经济学家，也是中国早期商业理论家、楚学开拓者之一。他被后人尊称为"商圣"。虽出身贫贱，但博学多才、文武双全，因不满当时楚国政治黑暗、非贵族不得入仕的规定而投奔越国，之后被拜为上大夫、相国，辅佐越国的勾践。他帮助勾践兴越国，灭吴国，一雪会稽之耻，成就霸业，又被封为上将军。功成名就之后急流勇退，遨游于七十二峰之间。其间三次经商成巨富，又三散家财。后定居于宋国陶丘（今山东省菏泽市定陶区南），自号"陶朱公"。公元前448年，范蠡卒，时年88岁。

主要理论/贡献

　　范蠡提出的"农末俱利"和"平粜齐物"的思想在经济建设中具有重要意义。范蠡关注到价格对经济发展的影响，他提出了"谷贱伤农、谷贵伤末"的命题，发现可以通过调整价格使农业和工商业都能获得利益。这种思想在现代经济建设中仍然适用，我们也需要通过合理的价格机制来协调各个部门的发展，促进经济的繁荣。范蠡还主张采用"平粜"法来控制物价。他希望国家储存粮食，在歉收年份以平价出售粮食。这种思想对现代国家粮食储备具有积极的现实意义。通过这种方法，能够有效地控制物价，保证社会的稳定。

37

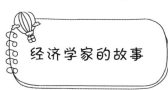

经济学家的故事

　　相传范蠡刚开始做生意时本小利薄，无法做大。他也为此特别苦恼。但范蠡是一个聪明的人，非常善于动脑筋，很快他就发现了新的商业机会。

　　当时，由于社会和经济的发展，吴越一带需要大量的好马，而好的马匹则大量集中在北方。在北方收购马匹并不难,马匹在吴越卖掉也不难,而且肯定能赚大钱。问题是把马匹从北方运到吴越却很难:路途遥远,人马住宿费用高昂且不说,最大的问题是当时正值兵荒马乱,沿途强盗很多,因此这笔生意的风险很大,搞不好会财货两空。

怎么办?范蠡为此伤透了脑筋。

一次,范蠡从商业伙伴那里了解到北方有一个很有势力、经常贩运麻布到吴越的巨商姜子盾。姜子盾因常贩运麻布早已和沿途各界搞好了关系,他的货物在运输中可以得到很好的安全保障,不会出现大的风险。于是,范蠡把主意打在了姜子盾的身上,想到了一个好办法。

一天,范蠡写了一张榜文,张贴在城门口。其大意是:目前本人有一支运货马队,因开张大吉,如有需运货者,可协商享三个月免费运货到吴越。告示一出,商圈里议论纷纷,如此免费运货,定会赔得血本无归,众人皆笑范蠡不会做生意。

因为有如此好事,很多生意人主动上门谈合作,其中就包括当时势力很大的姜子盾。于是范蠡就主动承担起免费为姜子盾运货物的责任。就这样,范蠡与姜子盾一路同行,货物连同马匹都安全到达吴越。范蠡的马匹在吴越很快就销售一空。范蠡因此赚了一大笔钱,而姜子盾也由于免掉了运输的费用,赚了一大笔钱。

很快三个月期限到了,姜子盾问范蠡:"还会继续免费为我运输货物吗?"范蠡点头道:"可以。"姜子盾听完不解道:"如此一来你如何养活马队?"范蠡笑道:"我每次在北方购买大量良马填充到马队中,到南方后卖掉一部分,来来回回,所获利润已过千金。说起来,这还要多谢你的商队沿途打理关系呢!"姜子盾听后将范蠡视为奇才。不久消息传出,众人皆佩服范蠡的经商之道。

启迪青少年

在这个故事中,范蠡展现出了其过人的商业天赋。通过和姜子盾的合作,让自己的马匹可以顺利地运到目的地,同时也免费地帮助商业伙伴,达到了双赢的结果。而实现双赢局面的根本原因在于范蠡能够很好地理解经济的实质和商业的规律,通过合作来实现共赢,促进社会的发展和进步。这个故事也告诉我们在做事情的时候,我们可能会碰到很多困难和障碍,但我们只要勤思考、勤动脑,总会找到好的解决办法。

徐光启： 渺小的事成就伟大的人

生平简介

徐光启，字子先，号玄扈，谥文定，出生于上海。他是明朝万历时期的进士，后担任崇祯朝的礼部尚书、文渊阁大学士和内阁次辅。在 1603 年，他皈依了天主教，并取名保禄。徐光启早年师从利玛窦，学习了西方天文学、历法、数学、测量和水利等知识。他一生致力于研究科学技术，并勤奋地著述。作为积极的本文科技传播的推动者，他介绍了欧洲的科学技术，对 17 世纪中西文化交流做出了重要贡献。

主要理论/贡献

其一，提出"富国以农"的思想。徐光启认为只有"食人之粟、衣人之帛"才是真正的财富，缗钱和银只是

"财之权"，即价值的尺度、财富的象征，所以富国必须发展农业生产。但他并不完全排斥工商。其二，提出移民垦荒和兴修水利。明代京师与西北边防的供应均依靠漕运东南地区的粮食，这使东南赋税益重，国家愈穷。为了改变"东南生之，西北漕之""费水二而得谷一"的窘困局面，徐光启提出移民垦荒和兴修水利的方案。其三，重视推广先进技术。《农政全书》中有许多关于农具、生产技术、方法及其经济效益的记载。徐光启在重视因地制宜的同时，又批判了"唯风土论"的保守思想。

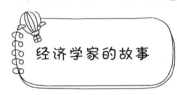

经济学家的故事

41

　　徐光启的祖籍在苏州，他的祖父是一个商人。在他幼年时，家境富裕。然而，到了他父亲那一代，家道中落，开始务农。徐光启从小学习非常认真，对探索新事物充满了兴趣。在他 22 岁那年，家乡遭遇了水灾，同时他的祖母去世，家庭生活变得更加艰难。面对这样的情况，徐光启更加刻苦地学习，他希望通过科举制度改变自己的命运。然而，他在参加乡试时，名落孙山，当时他已经 26 岁了。

　　为了生计，徐光启不得不四处奔波。29 岁那年，他前往广东韶州教书。韶州有一座欧洲天主教的教堂，这座教堂也是中国第一座教堂。有一天，徐光启想去教堂看看，于是他遇到了一位会说广东话的意大利传教士郭居敬。郭居敬带领徐光启参观了教堂。当他看到教堂墙壁上挂着的一幅世界地图时，他驻足不前。他好奇地问郭居敬："这是什么地图？"郭居敬向他详细解释了地图上各个国家的地理位置。徐光启惊讶地说："原来地球是个大圆球！太神奇了！请问这幅图是谁绘制的？"郭居敬告诉他，这幅图是耶稣会驻中国的主事利玛窦绘制的。徐光启记住了利玛窦这个名字。

　　四年后，徐光启考中举人后去京城时路过南京，偶然认识了利玛窦。他诚恳地向利玛窦提出了想要学习西方科学文化的请求。利玛窦递给徐光启一本翻译成中文的《马可福音》，并说："如果你想跟我学习，就必须加入天主教。"经过一番思考后，徐光启接过了利玛窦手中的《马可福音》。此时，他的想法是：为了中国的科学繁荣发展，我愿意付出一切！于是，徐光启受洗礼并加入了天主教。从此之后，他上午在翰林院工作，下午跟随利玛窦学习。徐光启的领悟力很强，短短两年时间里，他不仅学会了英文，还学会了古希腊数学家欧几里得的《原本》，并将其翻译成中文版的《几何》。我们现在所熟知的数学术语如"平行线""直角""钝角""锐角""外切"等都是徐光启翻译过来的。1607 年，也就是徐光启 45 岁时，经过几年的刻苦研究，徐光启和利玛窦共同翻译的《几何原本》的前六卷正式出版。

之后的徐光启用尽毕生心血，致力于将西方的科学技术引入中国。1633 年，功成名就的徐光启已经出现病症，但他依旧没有选择告老还乡以颐养晚年，而是继续为毕生钻研的科学事业奋斗着。这一年，71 岁的徐光启因病逝于任上。他的一生为 17 世纪的中西文化交流做出了重要贡献，为一个时代开启了西学东渐的先河。

启迪青少年

徐光启的一生让人深受启发。他从小就展现出对知识的渴望和对探索的热情。尽管他的家境逐渐变得困难，但他并没有放弃追求自己的志向。他通过刻苦学习，希望通过科举制度改变自己的命运。尽管他名落孙山，但他并没有气馁，而是继续努力奋斗。徐光启的一生充满了奉献和坚持。即使在功成名就之后，他依旧也没有选择安享晚年，而是选择继续为科学事业奋斗。他的故事告诉我们，无论遭遇怎样的困难和挫折，只要我们坚持追求自己的理想，持续付出努力，就能够实现自己的志向。同时，他的故事也提醒我们要开放包容，接纳新事物和新思想，以推动社会的进步和发展。

张英：宰相肚里好撑船

生平简介

张英，字敦复、梦敦，号乐圃、圃翁、倦圃翁，安徽桐城人。清朝政治人物，官至大学士。张英于康熙六年考中进士，被选为庶吉士，毕业后被任命为编修。他曾担任日讲起居注官，并逐渐晋升至文华殿大学士兼礼部尚书的职位。晚年，他隐居在安徽桐城龙眠山。他去世后被追谥为文端，并在雍正时被追赠为太傅。张英和张廷玉父子二代为相，"父子双学士，老小二宰相""门第荣耀，世不多见"，是中国历史上的美谈。

主要理论/贡献

张英认为田产是最好的财产，地租是最可靠的收入。他认为，地主家庭经营管理的主要目标是保持和增加自己的田产，因此在经营对象和途径上，他强调以农治生、保护田产。他的治生理论围绕着保田产这个总纲进行探讨和论述。他通过几个方面论证了田产的重要性。首先，田产持久常新，不容易受到损坏。其次，田产是最安全的财产，不会受到天灾人祸的影响。最后，田产的风险最小，是一种安全可靠的投资。他提出了三项重要原则：防止出售产业、选择好的庄佃、有效管理。张英提出的治生之策是为了保护田产，其主要内容包括以下几个方面：首先，要注重勤俭节约。其次，地主应亲自了解和参与平时的例行管理活动，如管佃和收租。最后，地主应有应对突发事件的智慧。

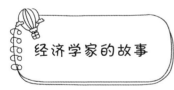

经济学家的故事

45

张英26岁时考中举人，30岁时在会试中获得二甲第四名的成绩，被授予进士的身份。大学士李霨评价张英说："激赏不置，有国士之目。"张英得到了高度评价，再加上他博学多才，深受康熙的赏识，因此被任命为翰林院编修，担任日讲起居注官的职务。所谓的"日讲"是给皇帝上课，而"起居注"则是记录皇帝的私人生活。因此可以说，康熙对张英的为人和品格非常信任和赏识。张英61岁那年，康熙任命他为文华殿大学士兼礼部尚书，张英真真切切地坐上了"相位"。张英是汉人，在重满抑汉的清朝，他为何会深得康熙信任和重用呢？其实，这和他为官、做人的智慧有关。

当时，张英的家庭与吴家是邻居，两家之间有一条巷子供出入使用。有一年，吴家要占用这条巷子建新房，但张家人不同意。双方争执不下，最终到县衙打官司。县官心想两家都是名门望族，有子弟在朝中任官，自己可不敢横加干涉，因此选择了不表态。张家人非常气愤，于是写了一封紧急信给在京师的张英，希望他出面解决。张英看到信后，笑着写了一首诗："千里修书只为墙，让他三尺又何妨？万里长城今犹在，不见当年秦始皇。"家人读完诗后起初抱怨张英过于退让，但最终领悟到张英的"让"的智慧。于是，张家不仅停止争执，还主动让出三尺空地。这让吴家感到非常佩服，最后也主动让出三尺房基地，将巷子作为共同使用的地方。后来，这条巷子因此而名为"六尺巷"。"六尺巷"已经成为中华民族历史长河之中的一块石碑，上面书写着智慧与格局。

启迪青少年

张英在康熙年间取得了巨大的成就。他的家人与吴家发生了争执，但张英以退让的态度解决了这个问题。他写了一首诗表达了自己的观点，最终使得吴家也主动退让，双方和解。通过这个小故事，我们可以看到张英的智慧和格局。他并不固执己见，考虑到整体利益，以退让的态度去解决问题。他的智慧和格局让他在康熙朝获得了康熙的赏识和信任，从而得到了重要的官职。可见，一个人的智慧和格局对于他的事业和家庭的发展非常重要。只有具备宽广的视野和善于处理问题的能力，才能在复杂的社会环境中取得成功。适当地退让并不意味着软弱，而是一种智慧的表现，能够巧妙地化解矛盾，达到合作和谐的目标。只有具备智慧和格局的人，才能在人生的道路上取得真正的成功。

47

实践篇

在这小明梦见了钱颖一、托马斯·孟、威廉·配第、大卫·李嘉图、阿尔弗雷德·马歇尔以及罗伯特·蒙代尔数位经济学家，并向他们说出了自己心中的疑惑。

您认为实践对于一个人的成长和发展有何重要意义？你是如何看待实践的？ 小明

钱颖一 实践是理论知识的检验和应用。我非常看重实践，认为只有通过实践才能不断提升自己。

您觉得一个人如何才能不断提升自己的实践能力？ 小明

威廉·配第 不断总结经验，不断反思和改进。

您的天赋是如何在实践中得到发挥的？ 小明

大卫·李嘉图 我喜欢尝试新的事物并且乐于接受挑战，这使得我能够不断地提高自己的技能和能力。

> 您对于未来的实践有何规划和期待？ —— 小明

阿尔弗雷德·马歇尔 —— 认准目标，坚持不懈，争取在未来取得更多的成就。

> 如果能回到年轻时候，您会加强自己在哪方面的实践？ —— 小明

罗伯特·蒙代尔 —— 我会更加珍惜时间来学习。我的工作就是学术研究，我希望能够尽自己的最大努力做出应该做出的贡献。

经济学家们 —— 你不妨再看看我们的人生经历和故事吧！加油！

钱颖一：大学改革"探路者"

生平简介

钱颖一，1956年生于北京，是恢复高考后首届大学生，1977级清华大学数学专业本科毕业。毕业后留学美国，先后获哥伦比亚大学统计学硕士学位，耶鲁大学运筹学、管理科学硕士学位，哈佛大学经济学博士学位。之后任教于斯坦福大学、马里兰大学、伯克利加州大学。2006—2018年任清华大学经济管理学院（以下简称"清华经管学院"）院长。2009年和2021年获得孙冶方经济科学奖，2016年获得首届中国经济学奖。研究领域包括：比较经济学、制度经济学、转轨经济学、中国经济、中国教育。

主要理论/贡献

钱颖一丰富的求学经历（清华大学、哥伦比亚大学、耶鲁大学、哈佛大学）和执教经验（斯坦福大学、马里兰大学、伯克利加州大学、清华大学），使他深入了解国内外教育的实际情况，知晓中国教育的问题所在，2006 年钱颖一由清华经管学院首任院长朱镕基亲自推荐出任该学院院长，此后十多年，钱颖一集中精力，在清华经管学院推进教育改革，履行院长的职责。

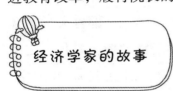

经济学家的故事

钱颖一，一位致力于改变中国教育体制改革的经济学家，他的目标很简单：让清华经管学院成为一所与众不同的学院。他不满足于仅仅提高学生的专业技能，还希望通过加强通识教育，培养学生的综合素质和创新能力，让他们在未来的人生道路上更加从容地应对各种挑战。

2006 年秋季，钱颖一出任清华经管学院第四任院长，他深知教育改革的艰辛。然而，他并没有被这些困难吓倒，反而更加坚定了自己的信念。他开始关注学院的教学现状，倾听学生的声音，了解他们在学习过程中遇到的困惑。经过一系列的调查和研究，钱颖一发现了一个令人不解的现象：虽然清华大学的学生分析能力很强，高考作文分数都很高，但是就是写不出好文章，在写作和沟通能力方面显得十分薄弱。这让他意识到，仅仅注重专业知识的传授，并不能培养出真正具备创新精神和实践能力的人才。

为了改变这一现状，钱颖一开始积极推动学院加强通识教育。2009年，清华经管学院作为清华大学本科教育改革的试点，开始增加通识教育课程。同年秋季，学院为一年级本科生开设了"中文写作"和"中文沟通"课程；2010年春季，又首次开设了"心理学概论"。在钱颖一看来，大学本科教育应该广阔，让学生去学习那些看似"无用"的知识，以拓宽他们的视野，提高他们的综合素质。

为了让自己的理念得到更好的贯彻，钱颖一在任时，经管学院的本科课程表中，专业课只有50个学分，通识课高达70个学分，另20个学分是任选课。他还坚持每年逐字逐句修改本科生培养方案，并亲自给本科生讲授"经济学原理"。可以说，钱颖一把自己的全部精力都投入到了办学上，他的办学理念简单而明确：大学为学生，而且还要为学生的一生。

在钱颖一的带领下，经管学院的通识教育取得了显著的成果。学生们在写作、沟通和心理学等方面的能力得到了很大的提升。钱颖一的努力也得到了广泛的认可和赞誉。许多人认为，正是他的改革措施，让清华经管学院成为一所真正具有国际竞争力的学院。

如今，钱颖一已经退休多年，但他的改革精神仍然影响着一代又一代的清华人。

 启迪青少年

钱颖一的故事给我们如下启示：首先，他选择集中精力改善清华经管学院的教育体制，特别是加强通识教育和写作能力的培养，启示我们在人生中不需要等待很大机会，即使只是在自己能够控制的一个小范围内，也可以做出积极的改变和影响；其次，他通过调查和观察，发现了中国教育的问题根源，并积极找到了解决问题的方法，启示我们应该注重观察和反思，努力找到解决问题的途径；最后，钱颖一几乎将自己的全部精力投入到办学改革中，并为此做出了很多努力。他的专注和坚持使得他取得了巨大的成果，启示我们需要在自己的目标上保持专注，并持之以恒地追求，才能取得成功。

威廉·配第： 丰富的阅历造就伟大

生平简介

1623 年，威廉·配第出生于英国的一个手工业者家庭。他曾从事多种职业，从商船服务员和水手到医生和音乐教授。他聪明机智，勤奋学习，敢于冒险，善于投机。晚年他成为一位拥有大片土地的大地主，还创办了渔场、冶铁企业。更重要的是，威廉·配第是当时最重要的政治经济学家之一，马克思对配第的经济思想给予了高度评价，认为他是"现代政治经济学的创始者""最有天赋和创见的经济研究家"，甚至说他是"政治经济学之父、统计学的创始人"。

55

主要理论/贡献

威廉·配第以他的著作《赋税论》而闻名，他反对基于主观意愿的推断，主张通过具体的统计数据来寻找经济现象的自然基础。这使他摆脱了重商主义的影响，将政治经济学的研究重心从流通领域转移到生产领域，探讨了资本主义生产的内在联系。威廉·配第最重要的贡献是首次提出了劳动决定价值的基本原理，并在劳动价值论的基础上研究了工资、地租、利息等范畴，他将地租视为剩余价值的基本形式。此外，配第还区分了自然价格和市场价格。

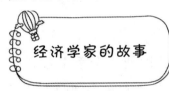

经济学家的故事

56

　　从小，配第生活在罗姆西，他的家族世代经营服装生意。他是一个聪明早熟的年轻人。在他14岁那年，配第远离家庭，踏上船只，追求自由生活。然而，他的船在航行中遭遇事故，导致他摔断了一条腿。这次挫折让配第迷失了方向，他决定前往卡昂。为了维持自己的生计，年轻的配第开始教授英语，同时加入耶稣会修士学习拉丁语。经过一年的学习，他回到了英国，此时他已经对拉丁语、希腊语、法语、数学和天文学有了深入的了解。

　　随后，配第加入了海军，成为一名年轻的水手。在海军部队度过了一段平静的日子后，1643年，配第离开了荷兰，前往法国学习。他在那里对解剖学产生了浓厚的兴趣。通过一位英语教授的介绍，他成为托马斯·霍布斯的私人秘书，这也使他有机会结识了勒内·笛卡尔、皮埃尔·加森迪和马林·梅森等知名学者。1646 年，他回到英国，在发明了一种双面书写的工具后，他试图将其销售出去，但收效甚微。于是，他决定在牛津大学进修医学。在那里，他结识了哈特利卜和波义耳，并成为牛津哲学俱乐部的一员。

到了 1651 年，配第成为牛津大学布拉塞诺斯学院的解剖学讲师，同时也是小托马斯克莱顿的助手。他还参与了安妮·格林的治疗。安妮·格林是一名被执行绞刑后幸存并被赦免的女性，其生还被广泛认为是上帝的奇迹。这一事件在当时引起了广泛的关注，也帮助配第建立了良好的职业声誉。

57

1652 年，配第再次出海，这次作为奥利弗·克伦威尔军队的船医前往爱尔兰。有人说，他离开牛津的决定是受到了培根的启发，选择了与传统大学对立的道路。也有人说，配第之所以去爱尔兰，是为了得到年轻时梦寐以求的财富和名望。总而言之，这次决定标志着他从自然科学转向了社会科学。

经济学成为威廉·配第余生研究的重点，并取得了巨大成就。这很大程度上归功于他的个人经历、素质以及在此基础上形成的新研究方法。医生的经历有助于他运用医学和人体结构学的精密视野考察经济生活，而他追求财富的经历也使他对经济运行法则有了经验性的了解。他还担任过大哲学家霍布斯的秘书，这又使得他在探索经济问题时，能够跳出桎梏，实现经济研究方法论的革新。正是威廉·配第一生丰富的实践经验，使其成为"政治经济学之父"。

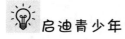 **启迪青少年**

58

经济学是和现实生活密切相关的学科，也是多种学科融合的学科。正是威廉·配第丰富的人生经历和广博的多学科知识，才使得他能对现代经济学做出突出的贡献。纵览配第的人生旅程，我们可以看到他的志向和格局在丰富的人生经历下不断蜕变。无论面对挫折还是追求新的知识领域，他始终坚持不懈地追求自己的目标。配第的故事告诉我们，人们应该坚持自己的理想，追求自己的志向，才能取得真正的成就。

大卫·李嘉图： 勇敢探索自己的路

生平简介

大卫·李嘉图是英国政治经济学家，对经济学做出了系统的贡献，被认为是最有影响力的古典经济学家之一。他也是一位成功的商人，积累了大量财富。李嘉图出生在伦敦的一个犹太移民家庭，在十七个孩子中排行第三。14岁时，他跟随父亲进入伦敦证券交易所学习金融运作，为他将来在股票和房地产市场上的成功奠定了基础。在1799年的一次乡村度假中，他阅读了亚当·斯密的《国富论》，这是他第一次接触经济学，从此对这门学科产生了浓厚的兴趣。

59

主要理论/贡献

在比较优势理论方面，李嘉图认为即使一个国家在所有制造业中比其他国家更加高效，它也能够通过专注于其最擅长领域、与其他国家进行贸易交往而获取利益，比较优势学说构成了现代贸易理论的基石。在工资理论方面，李嘉图认为，从长期来看，价格反映了生产成本，可称之为"自然价格"。自然价格中的人力成本是劳动者维生所需的花费。如果工资反映人力成本，那么工资必须保持在可以维生的水平。然而，由于经济的发展，工资水准会高于勉强维生的水平。在相对工资方面，李嘉图认为一国的产品要以地租、利润和工资的名义分配给三个主要社会阶级。在利润理论方面，李嘉图认为，实际工资的增加会导致实际利润的降低，因为货物销售的毛利可分为工资和净利两个部分。

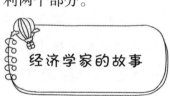
经济学家的故事

　　在英国伦敦的一个犹太家庭中，有一个天赋异禀的小伙子叫李嘉图。李嘉图的父亲是一位富有的证券经纪人，而他的母亲身份则是一个谜。虽然李嘉图没有正式接受过教育，但他的父亲乐意为他雇佣任何他喜欢的家庭教师，这种贵族式的教育在历史上培养了很多人才。当他 12 岁时，他的父亲决定送他去荷兰留学，因为那里是商业最繁荣的地方，他父亲希望李嘉图能够开阔眼界，回来好帮助自己。于是两年后，年轻的李嘉图回到了英国，开始跟随父亲从事证券交易。

如果一切都按照他父亲设计的剧本走的话，就不会有李嘉图这个经济学家了。命运的阴差阳错让李嘉图爱上了一个与他信仰不同的女孩，而他的父亲坚决反对这桩婚事。"曾经沧海难为水，除却巫山不是云"，年轻而执着的李嘉图与老父亲发生了激烈的争吵，最终在 21 岁那年被父亲赶出了家门。

但是李嘉图并没有放弃自身，他决定依靠自己取得成功。于是，李嘉图开始了自己艰难的创业之路。幸运的是，他已经在证券行业工作了七年，结识了许多有影响力的人。在朋友的帮助下，他的事业很快取得了成功。短短几年间，他就成为一个富翁。他的一个成功之举是在滑铁卢战役前四天，投资了大量的政府债券，结果英军战胜了拿破仑，押宝正确的他获得了巨额利润。

61

然而，当一个人满足了自身的物质欲望之后，就会去追求精神上的满足。因此纯粹的财富已经不能满足李嘉图对人生意义的追求。他开始寻找机会在知识领域取得成就。在他 26 岁的时候，他读了亚当·斯密的《国富论》，开始研究经济问题，并参与了当时关于黄金价格和《谷物法》的辩论，从此开启了他的经济学之路。在自身坚持不懈地努力之下，李嘉图最终成为一位杰出的经济学家，他的理论对经济学界产生了深远的影响。

 启迪青少年

　　李嘉图的一生充满了挑战和困难，但他从未放弃。他面对家庭的反对，开始了自己的创业之路。他通过坚持和努力最终取得了成功，成为一位富翁。成功并非来自出身，而是源于个人的努力和决心。李嘉图并没有满足于物质上的成功。他开始追求精神上的满足，寻找自己在知识领域的成就。他的投身经济学的决定，让他成为一位杰出的经济学家。人生的意义不仅仅在于追求财富和物质，更在于追求自己的兴趣和追求知识。李嘉图的故事给了我们很多启示和勇气。无论我们的出身如何，我们都可以通过努力和坚持来实现自己的梦想。重要的是要有远大的志向和宽广的格局，不断学习和成长。正如李嘉图一样，我们应该不断追求自己在知识和精神上的成就，这样才能真正实现人生的价值和意义。

阿尔弗雷德·马歇尔：在他之前，世界上没有经济学系

生平简介

　　阿尔弗雷德·马歇尔出生于 1842 年，他家位于伦敦的一个工人社区。尽管家境一般，但他的父母却努力确保他接受良好的教育。年轻的马歇尔进入剑桥大学学习数学、哲学和政治经济学。虽然他对哲学很感兴趣，但最终他选择了经济学作为自己的专业。作为近代英国最著名的经济学家之一，马歇尔是新古典学派的创始人。在他的努力下，经济学从仅仅是人文学科的一门必修课，发展成为一门独立的学科，具有与物理学相似的科学性。在马歇尔的影响下，剑桥大学建立了世界上第一个经济学系。

63

主要理论/贡献

　　马歇尔最重要的著作是其在 1890 年出版的《经济学原理》，这本书是现代微观经济学的奠基之作。在书中分析了供求关系，并将边际效用和生产费用结合起来，解释了商品价值是由供给价格和需求价格的平衡决定的。在经济学中，需求理论指的是消费者的需求，而效用理论成为需求理论的基础。然而，马歇尔的需求理论则以人的欲望为出发点。他间接地通过人们愿意支付的价格来衡量需求价格，从而将需求转化为需求价格，并用边际需求价格来衡量边际效用。马歇尔认为边际效用是递减的，因此取决于边际效用的需求价格也是递减的，边际效用递减规律就转化为边际需求价格递减规律。马歇尔的生产理论就是他的供给理论。他使用生产费用来说明供给价格和供给规律。在短期内，边际生产费用通常随着产量增加而递增，因此供给与价格的关系是：价格高时供给量大，价格低时供给量小。

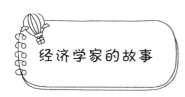

经济学家的故事

    1842 年 7 月 26 日，阿尔弗雷德·马歇尔出生于伦敦西南的克拉彭地区。马歇尔的少年时代在莫切特泰勒男校度过，那是一所学术氛围浓厚、体育传统悠久的中学。毕业后，他又考上了剑桥大学的圣约翰学院，在那里学习数学和西洋古典学。早年，马歇尔那笃信英国国教的父亲曾希望他将来能成为一名牧师，然而马歇尔注定要成为一名经济学家。

    年轻的马歇尔成绩十分优异，他曾获得剑桥大学的"数学荣誉学位考试优胜者"称号，并在所有获奖者中位列第二名。他也喜爱哲学，曾遍读哲学名家之作，尤其欣赏英国伦理学家西奇威克的论著，并由此对伦理学、经济学等社会科学产生了兴趣，并最终把经济学研究作为自己的最终的事业。对他来说，从数学到伦理学再到经济学，将三者联系在一起的是他对现实世界和下层人民的关心。在他的思想中，怎样提高下层人民的生活质量才是经济学要解决的终极课题。

    在马歇尔生活的那个年代，也就是 19 世纪中后期，"经济学"仍未作为一个独立的名词出现，人们更常见到的是"政治经济学"。在马歇尔之前，经济学话语中普遍

65

存在文字，却不存在图表。而马歇尔模仿数学中的 X 轴和 Y 轴，用两条互相垂直的数轴表示经济变量。他把供求关系数值化，形成了有名的"剪刀模型"：需求曲线与供给曲线于一点交叉，形状恰似一把剪刀。

不过，在马歇尔看来，数学仍然只是一种研究手段，它能够赋予经济学自然科学般的精确性和逻辑性，但并不能取代经济学的地位，也不能取消它天然的社会性和人文特质。同时，他也不希望他的读者局限于专业人士，因此在他的著作中，数学图表下总是标有各种注释，方便外行读者理解。

1865 年，马歇尔受聘于母校，成为圣约翰学院的一名教学助理，1868 年升任为道德哲学讲师，1885 年当上了剑桥大学的政治经济学教授，1908 年从该任职退休。他的学生里有著名的凯恩斯、尼科尔森、庇古、麦格雷戈等人，由于他们和老师一起常年执教于剑桥大学，人们习惯把他们合称作"剑桥学派"。在马歇尔的努力和影响下，剑桥大学建立了世界上第一个经济学系，改变了今后经济学的教育的方式。

💡 启迪青少年

马歇尔的故事告诉我们，一个人远大的志向和格局决定了其能到达的高度。虽然马歇尔出生在伦敦下层社区，但他从小学习努力，成绩优秀，并很早就找到了自己的兴趣点和未来愿意为之努力奋斗的事业。同时由于他博览群书，知识面极为广博，他才能把数学、伦理学和经济学相结合，使得经济学成为一门独立学科，并创建了世界上第一个经济学系。我们只有从小建立远大的志向，通过刻苦学习、确立好目标，并努力奋斗，才能取得相应的成绩和对社会做出自己的贡献。

罗伯特·蒙代尔： 特立独行的大师

生平简介

罗伯特·蒙代尔，1932 年 10 月出生于加拿大安大略省，1999 年诺贝尔经济学奖获得者，"最优货币区理论"的奠基人，被誉为"欧元之父"。他曾任哥伦比亚大学经济学讲座教授、香港中文大学博文讲座教授。至今，罗伯特·蒙代尔获超过 50 个大学颁授荣誉教授和荣誉博士衔，亦曾担任多个国际机构及组织的顾问，包括联合国、国际货币基金会、世界银行、欧洲委员会、美国联邦储备局、美国财政部等。

主要理论/贡献

蒙代尔对经济学的贡献：一是开放条件下宏观稳定政策的理论，即蒙代尔-弗莱明模型，这一理论现在在经济学教科书中占据核心地位，被无数经济学者奉为至宝，也主宰了世界经济学；二是最优货币区域理论，蒙代尔在这一领域的开创性研究为欧元的诞生奠定了基础，他也因此获得了 1999 年的诺贝尔经济学奖。可以说，蒙代尔的研究为开放经济中货币与财政政策理论奠定了基石，他创造了现代开放经济宏观经济学。

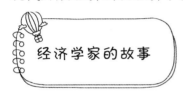

经济学家的故事

"特立独行"可以说是对蒙代尔一生最好的总结。因为不走寻常路，《纽约时报》头版新闻称他是"一位加拿大出生的古怪经济学家"。

关于他的"怪异"，有三个故事广为流传：一是他曾当选美国计量经济学院士，但因为他懒得拆信，对此全然不知；二是他当选美国经济学会主席后，他竟然忘记出席就职典礼，留下一干人马空等他发表就职演说；三是在芝加哥大学担任《政治经济学学报》主编期间，他懒得看稿复信，导致这份著名的学术刊物最终难逃倒闭之劫。

从 20 世纪 80 年代起，蒙代尔就多次获诺贝尔经济学奖提名，但也因为他怪异的个性直到 1999 年才获奖。在颁奖典礼上蒙代尔也继续发挥他的个性，当年典礼上共有 5 项大奖需颁发，每位获奖者都要发表一段演讲，大概 2 到

3分钟。在场的有1 500人，都是西装革履，穿得非常正式。大多数人往上一站就会变得特别严肃，蒙代尔想，为什么不来点轻松有趣的呢？就引用了美国已故歌手弗兰克的经典歌曲《My Way》中的一段为诺奖晚宴献唱：我爱过，笑过，哭过；我曾经满足，也曾经失落；如今，悲伤褪去，我发现一切竟是如此可笑。想到我做过的一切，我可以毫不羞愧地说，我只是走我自己的路。就这样，蒙代尔成了第一位在诺贝尔颁奖典礼上歌唱的经济学家。

 虽然"特立独行"是蒙代尔的一个天性，但是蒙代尔也真正做到了"君子和而不同"，与他人交往中他始终保持尊重、包容的态度，因此他的朋友很多，中国就是其中一个。

蒙代尔与中国有着很特殊的感情。他热爱中国的美食与文化，曾多次到访中国，在中国人民大学财政金融学院开设了一门经济学讲座即"黄达-蒙代尔经济学讲座"，多次在该校发表演讲。还曾担任北京市政府顾问，以及受聘担任清华大学、南京大学等中国多所大学的荣誉教授。2005年3月，蒙代尔获得北京市政府颁发的永久居留证，成为一名"北京市民"。

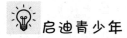 启迪青少年

蒙代尔坚持走自己的路，他敢于做出不同寻常的选

择，不畏惧他人的评判，不盲从别人的观点，这使他在经济学界独树一帜。我们可以从他的故事中学到，坚持自己的信念和道路，保持清醒的头脑，不轻易受他人影响，是取得成功的关键。同时，蒙代尔虽然有自己独特的思考方式和行事风格，但他在与他人的交流中依然保持着友善、包容和尊重的态度。因此，他拥有众多朋友，与中国人民建立了深厚的友谊。他的故事也启示我们特立独行并不意味着与世隔绝，也可以与他人和谐相处。

71

爱国篇

在这小明梦见了郑观应、马寅初、杨敬年、陈彪如、邹至庄这数位经济学家，并向他们说出了自己心中的疑惑。

您认为爱国精神对于一个人的成长和发展有何重要意义？您如何将自己的成长与国家的发展联系起来？ 小明

郑观应

爱国精神可以帮助我们树立正确的价值观和人生观。作为堂堂正正的中国人，我始终将自身的成长与国家的发展联系起来，我希望能够通过自己的努力为国家的繁荣和进步做出一些贡献。

73

马寅初

爱国可以培养个人的社会责任感和使命感。从小我就下决心一定要做一个像岳飞、文天祥那样精忠报国、一身正气的人，我一生都是在为祖国奋斗！

杨敬年

我认为爱国精神对于一个人的成长和发展非常重要。一个爱国的人会更加关注国家的发展，会更加积极地为国家的繁荣和进步做出贡献。

陈彪如 〈 从为寻找国家出路学习政治学，到危难关头学习经济学救国，这就是我用生命书写的人生答案。

邹至庄 〈 爱国精神鼓励我们为国家和社会的发展贡献自己的力量。这就是我身在他乡也始终积极关注国家的发展并为之做出贡献的最初动力。

经济学家们 〈 你不妨再看看我们的人生经历和故事吧！加油！

郑观应： 把个人成长融入祖国命运

生平简介

郑观应，本名官应，字正翔，号陶斋，广东省广州府香山县人。他是中国近代最早具有完整维新思想体系的理论家，既是启蒙思想家，也是实业家、教育家、文学家、慈善家和热忱的爱国者。他和唐廷枢、徐润、席正甫并称为晚清"四大买办"。

75

主要理论/贡献

对"重农抑商"传统经济思想的批判是郑观应经济思想的重要内容之一。作为早期维新派的代表，郑观应继承和发展了地主阶级改革派的务实精神，同时吸收和利用了西方资本主义的经济思想，对传统的封建经济思想进行了批判，力求从更深层次上探讨中西贫富强弱的根源。郑观应指出："想要国家强大，首先要让国家富裕；想要国家富裕，首先要让人民富裕，而实业是实现人民富裕的关键，欧美各国的历史已经明确证明了这一点。"他认为中国长期以来的贫穷和弱小的根源在于传统的"以农立国""重农抑商"的政策，并且认为只有有效地借鉴西方经验，改变抑制商业发展的态度，才能达到国家富强的境地，抵御外国的经济侵略。

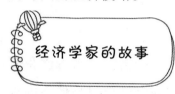

经济学家的故事

郑观应出生和成长在一个封建知识分子家庭，在作为乡村塾师的父亲的指导下读书，他渴望通过科举考试来取得成功。然而，他多次参加科举考试都没有考中。他的家中有17个兄弟姐妹，经济负担沉重，已经无法供养他继续读书。虽然他本来不想放弃学业从商，但为了养家糊口，他决定遵从父亲的意愿。于是，他在17岁时辍学去上海学习经商。

到达上海后，他先住在叔父郑廷江的家里。他想去英文馆学习英语，但因为没有钱而无法实现。幸运的是，叔父伸出援手，让他帮忙做些杂事，并亲自教他英文。第二年，他通过了父亲的朋友在宝顺洋行获得工作机会，并且得到了晋升。当时，英法联军再次入侵中国，计划将天津开放为通商口岸。外国洋行纷纷前往天津考察商机，而郑观应是其中一员。那年冬天，他没有冬衣，只穿着单薄的布袍，但他忠实地履行职责。他的工作精神得到了洋行老板的欣赏，并因此得到重用，从而开始了商业生涯。

他在工作之余勤奋学习，晚上去英国传教士办的英华书馆上夜学。他学习英文的目的是了解西方国家的社会政治理论和先进的科学知识，以此来推进社会改革，实现国家的富强。他的工资只有 10 元左右，生活非常艰苦，因此在英华书馆只读了两年就无法继续支持下去，被迫中止学业。但之后他仍然不停自学，并开始撰写著作。他在宝顺洋行工作了 10 年，过程不是十分顺利，后来开始自己做一些生意。1874 年，他成为太古轮船公司的总买办。由于他的经营能力，太古轮船公司得到了快速发展，同时他也积累了巨额财富。

77

郑观应对当时帝国主义列强在中国"喧宾夺主"的现象十分愤懑，决心把自身发展的命运同国家民族的独立联系起来。他从自己经营商务的实践中深切感受到，影响中国发展的恰恰是外国资本主义侵略势力。他从不满变为积极寻找对付的办法。他说："初则学商战于外人，继则与外人商战。"此外，他在政治、思想、文化乃至军事方面也开始寻求抵御侵略和救国富国的方案。

但后来，郑观应在经商中因受牵连而陷入困顿。他受到了帝国主义势力的迫害，遭到洋务官僚和同行的嫉妒倾轧，以致心力交瘁。贫病交加和怀才不遇的他开始了隐居生活，就是在这段隐居生活中，他完成了他最有名的著作《盛世危言》。

 启迪青少年

郑观应初去上海时面临着经济困难，但他并没有放弃追求知识。向叔父学习英文、工作之余上夜学。这显示了他对自我提升和知识的渴望。郑观应的隐居生活并没有使他停止追求自己的理想。正是在这段时间里，他完成了他最有名的著作《盛世危言》。这显示了他对国家民族命运的关注和对社会问题的思考，以及他在困境中仍然保持着积极的创作力。从郑观应的故事中，我们可以看到他在追求志向和发展格局方面的坚持和努力。尽管面临各种困境和挫折，他始终保持着对知识的渴望、对国家富强的追求和对社会问题的关注。这些感悟对于每个青少年都有启示，即无论遇到什么困难，都应该坚持追求自己的理想和目标，并积极应对挑战，为实现个人和社会的发展做出努力。

马寅初： 为读书而跳河的北大校长

生平简介

　　马寅初，字元善，著名经济学家、教育家和人口学家，1882年6月出生于绍兴嵊州。马寅初因生辰为"马年马月马日马时"而被乡人认为"五马齐全，必定非凡"。1901年他考入北洋大学，后被公费保送至美国耶鲁大学，读完硕士又进入哥伦比亚大学专攻应用经济学博士学位，1914年获经济学博士学位后抱着"为国牺牲、为社会服务"之理想回国。1916年经蔡元培举荐至北京大学担任经济学系教授兼主任，主要讲授银行学、货币学、保险学、汇率论等应用经济学课程，这在当时都是很新的专业，1919年他出任北京大学第一任教务长。此后相继在上海商科大学、浙江大学、北京交通大学、南京中央大学、金陵大学、重庆大学商学院等院校教授金融学。

主要理论/贡献

马寅初毕生从事经济学教学与研究工作。他是中国研究西方经济学的先驱之一。新中国成立后，马寅初将研究重心转到了社会主义国家经济建设理论上，学术成果为新中国经济理论建设奠定了基础。1957年马寅初所著的《新人口论》正确估量了中国当时的人口发展状况，并通过分析人口增长过快同国民经济发展之间的矛盾，提出了控制人口的数量和提高人口质量的论点。这是我国"计划生育"基本国策的理论基础，对中国的经济、教育、人口等方面有很大的贡献。在教育方面，马寅初重视教学，在课程内容改革、师资培训等方面都做出了有益尝试。同时，马寅初也十分重视思想政治教育，强调办教育要学习新思想，确立为人民服务的立场。马寅初一生热爱祖国、坚持真理、追求进步，为新中国的发展献计献策、不懈奋斗。

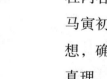

经济学家的故事

马寅初小时候就聪明过人，特别喜欢读书，七岁开始在私塾学堂上学，随着年龄的增长，马寅初越来越觉得这样读死书的模式不适合自己，于是在他的一再要求下，他父亲为他请来了才高八斗的老师俞桂轩。俞老师不但教马寅初国学知识，还在课余时间给他讲岳飞的精忠报国、文天祥的浩然正气、于谦的清白人生、海瑞的刚直不阿等历史故事。这些人物的品格深深打动了马寅初，他暗下决心一定要做一个像他们那样的人。不能庸庸碌碌地虚度终生，一定要走出去，看看外面的世界，将来干一番大的事业。

有了这样的理想，马寅初学习便更加努力。很快俞老师的教育就不能满足他的求知欲了，于是他请求父亲让他去更大的地方求学，可是父亲对马寅初的期望一直是成人之后就继承家业，在父亲眼里，马寅初目前所学习的知识就已足够用了。因此为了阻拦马寅初实现求学梦，父亲切断了他一切学习费用来源，让马寅初不得不辍学在家帮助父亲打理生意，向账房先生学习记账。

可是心怀天下的马寅初怎么甘心一辈子只在家做个账房先生呢？他还想闯出一片更广阔的天地，他想要去新学堂念书，想学习开矿、制造机器，想学会这些本领将来好为国家出力。年龄越大，他的这种愿望就越强烈，因此即便父亲始终不理解他，即便他无数次的要求与抗议，在父亲那里换来的都是训斥和皮肉之苦，他也始终坚持自己的理想。

就这样马寅初与父亲的矛盾不断升级。一次争吵中，马寅初再也忍受不了，一个人冲出家门，不知不觉跑到江边，夜幕之下马寅初望着眼前滚滚江水，委屈、绝望涌上心头，万念俱灰的他眼睛一闭，一头栽进了江中。等他再睁开眼已经是第二天下午了，发现自己被救下的马寅初开口就说："你们为什么要救我，我不能去读书，活着还有什么意义？"

经历了这一遭，马寅初的父亲终于明白了孩子的决心，在好友的劝说下答应让马寅初去读书。

就这样，经过马寅初的不懈努力，十七岁那年，他圆了去上海读书的梦想。这是马寅初在人生旅途中迈出的决定性一步，从此以后，马寅初将强国富民作为毕生使命，一生为祖国的发展不懈奋斗！

82

 启迪青少年

什么样的人生态度决定什么样的人生结果。马寅初面对挫折，在极端不可能的情况下努力抗争，最后不惜以死相搏，终于得到了读书的机会，实现了自己的愿望。他崇高的理想、坚定的意志、顽强的毅力和脚踏实地的努力精神令人佩服。我们也应该像马寅初一样坚定信念、勤奋学习，长大后成为祖国的有用之才，为国家的建设添砖加瓦。

杨敬年： 了不起的百岁经济学家

生平简介

杨敬年，1908 年出生于湖南省湘阴县，经济学家，教育家，翻译家，南开大学教授，中共党员，是中国财政学和发展经济学专业的奠基人之一。他 1932 年考入中央政治学校大学部。1945 年作为第八届英国庚款留学生进入牛津大学。1949 年任南开大学校务委员会委员，主持创办了财政系。1957—1979 年翻译了《英国议会》等著作。2016 年杨敬年当选为牛津大学圣体学院荣誉院士。

83

主要理论/贡献

70 多年来，杨敬年在经济学领域兢兢业业地耕耘与探索，在经济学研究、教学与人才培养、国外经济学巨著的翻译和引进方面取得了卓越的成就，并对南开大学世界经济学科的发展做出了开创性的贡献。

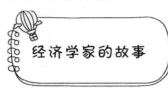

经济学家的故事

　　杨敬年先生出生的那年为光绪三十四年，就在他出生前一周，光绪皇帝和慈禧太后相继离世。同那个时代的所有生命一样，一出生就面临新旧交替、中西碰撞，整个国家正经历翻天覆地的变迁。

　　这样动荡的环境对于一个家境贫寒、一心求学的年轻人来说，他的求学之路注定是多舛的。

　　1927 年，19 岁的杨敬年考取了在长沙的黄埔军校第三分校。但入学仅 3 个月，他就亲身经历了"马日事变"，亲眼看到了第一次大革命的失败，看到共产党人、进步人士被残害，正醉心于共产主义、准备加入共青团的杨敬年愤而离校，过了几年靠教书糊口的日子。

　　1932 年，为能免费读书，杨敬年考上国民党培养县长的中央政治学校大学部行政系，毕业后分配在江苏省民政厅，但他没有选择从政道路，而是决意继续求学，到南开大学继续深造，成为南开大学经济研究所第二届研究生。当年他计划读完研究生就去考庚款留学，不料入学不足一年，"七七事变"爆发，日军飞机炸毁了南开校园，他又不得不随南开大学辗转于江南各地。

在奔波动乱中，他始终不忘坚持读书，刻苦学习外文，为的是实现那出国留学、报效祖国之梦。终于在 1945 年，杨敬年考取第八届庚款留英公费生，37 岁的杨敬年成为牛津大学哲学政治学经济学专业的新生。

毕业后，杨敬年受恩师何廉教授的邀请回到了母校南开大学任教。他主持创办了南开大学财政系，成为该系首位系主任。从此，他就再也没有离开过南开大学。

不过，一切并没有一帆风顺。1957 年，49 岁的杨敬年被划为"右派分子"，继而被认定犯"历史反革命罪"等。1974 年，他的妻子因脑出血瘫痪，卧床不起，一躺就是 24 年。不久他唯一的儿子又身染重症不治而亡。到 1979 年，杨敬年获得平反、重新成为一个堂堂正正的大学教授时，他已经 71 岁。

平反后，年过 70 的杨敬年决定要再工作 20 年。他在国内率先开设发展经济学，编写教材、撰写专著、培养硕士生，把这门课程引入中国。他给学生和青年教师讲专业英语，直到 86 岁，杨敬年才从南开大学的讲台上退休。88 岁，他写完 20 多万字的《人性谈》；90 岁，翻译了 74 万字亚当·斯密所著的《国富论》；100 岁，他还出版了 27 万字的自传《期颐述怀》；108 岁，当被问及如今思考最多的问题，杨敬年说："我还是在想，中国的未来"。

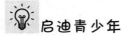 启迪青少年

在一次采访中，杨敬年先生曾经说过，他能不断从逆境中挺过来是因为他有自己的秘诀，那就是"以义制命"，即不管自己处于什么境地，认为该做的事情，就还是要做。命是人不能改变的处境，义是该做什么就做什么。这段话充分展示了杨敬年先生坚定的信念和对人生的态度。对杨敬年来说，他一生中最该做的事情就是追求学问。他历经百年历史，即使在动荡的年代，也用"以义制命"的方式和这个世界互动。他年过古稀，还一直在不停地突破自我，追求卓越，始终对祖国怀有一颗赤诚之心。杨敬年的故事告诉青少年们，人生就是要追求更多的知识和更大的力量，即使危及生命、牺牲快乐也在所不惜，这就是生命的意义。

陈彪如： 毕生报效祖国的经济学者

生平简介

陈彪如，1910 年出生于福建福州，著名经济学家。1933 年毕业于清华大学政治系。1946 年获美国哈佛大学经济学硕士学位。回国后，任暨南大学教授、经济系主任。1952 年起任华东师范大学政教系教授，曾任经济系主任、国际金融研究所所长等。长期从事外国经济学、国际金融等方面的研究，对国家经济建设和金融体制改革产生了重要影响。著有《国际金融概论》《国际货币体系》等，主编《国际金融学》等。

主要理论/贡献

陈彪如先生是我国国际金融学科的著名学者和创始人，是国内系统提出上海金融中心建设基本框架的第一人，更是国内外公认的中国国际金融教育的启蒙者。他创建了华东师范大学经济学专业、经济系，创建国际金融专业，培养出第一批国际金融博士生。陈彪如也是我国最早研究和传播现代西方经济学的学者之一，开创了中国研究西方经济学的先河，他在国际货币体系、人民币汇率、改革人民币汇率制度等方面所做的系统研究，对国家经济建设和金融体制改革产生了重要影响。

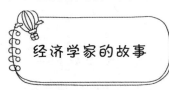

88

　　陈彪如常训导学生："青年人应当有远大的抱负，但不能抱有不切实际的幻想。多读书，多观察，多接触社会。"他是这样说的，也是这样做的。

　　为何帝国主义肆意祸我中华？为何同为中华儿女，军阀却不断混战，害得民不聊生？究竟何为国际关系之基本准则？到底什么是一国政权组织之最好形式？1929年，19岁的陈彪如带着这些困惑走进了清华大学政治学专业。他笃信，只有在这里，才能找到答案。

　　然而，他在清华大学求学期间，对于政治学课程的学习并未能给他一个明确的答案，在课余时间，他埋头在图书馆里，博览群书，如饥似渴地追寻真理的脚步。四年的学习让年轻的陈彪如想明白了一点：如何改造旧的中国？

改造之路，只能靠国人自己去求索。

1931 年，日本侵华战争爆发，在这段时间里，陈彪如走遍了许多地方，目睹了同胞在贫苦和战乱中痛苦挣扎。这段经历让他更深刻地意识到，空谈理论无济于事，必须付诸实践。他和同学撰写了一篇关于《国际舆论与东北问题》的文章，发表在《大公报》上，希望引起国人的关注。全面抗战爆发后，陈彪如毅然投笔从戎，投身抗日救国的事业。

抗战胜利之后，陈彪如深感战后恢复和发展中国经济是一项艰巨而重要的任务。而没有正确的理论指导，根本无法改变千疮百孔的中国经济面貌，为了更好地谋求国家经济建设的出路，他决定转向经济学研究。

89

1944 年，陈彪如远赴美国哈佛大学研究院深造。在那里，他接触到了世界一流的经济学家，如熊彼得、汉森、哈勃勒等。可惜这段经历并没有让他找到解决中国经济问题的答案，他逐渐认识到任何从西方经济学中寻找解决中国经济问题的努力都是徒劳的，中国经济发展之路只能靠国人去探索，只有从中国的实际经济状况中才能寻找到振兴祖国的道路。

于是，他毅然决定回国，为国家的经济发展贡献自己的力量。1946 年年底，陈彪如受聘为暨南大学经济系教授，挑起了该校经济系建设发展的重担。从此"培养人才"这个初衷就像在他心底生了根发了芽一般，不管如何困难，陈彪如始终坚守在暨南园的三尺讲台上，为祖国培养了一批具有国际视野、了解中国实际经济状况的经济人才，为中国的经济发展提供了有力的人才支持。

回顾陈彪如的一生，从为寻找国家出路学习政治学，到危难关头投笔从戎、经济救国，他始终不懈地努力寻求解决国家和民族问题的答案。他毕生为国奉献的精神激励着一代又一代的中国人为实现中华民族伟大复兴而不懈努力。

 启迪青少年

陈彪如鼓励青年人应当有远大的抱负，多读书，多观察，多接触社会。因为知识是改变命运的阶梯，学习知识不仅能够丰富我们的内心世界，提升我们的思维能力，还能够帮助我们更好地适应社会，把握机遇，实现自我价值。同时，陈彪如也强调青少年要多观察社会现象，了解社会的运行规律，只有这样才能更好地为国家和民族的发展作出贡献。我们应当铭记陈彪如先生的教诲，珍惜时间，广泛地阅读各种书籍，多关注时事，关心社会，把握好每一个机会，努力成为有理想、有担当、有作为的新时代青年。

邹至庄： 中国现代经济学的播种人

生平简介

邹至庄，1930 年出生于广东，1951—1955 年先后在美国康奈尔大学、芝加哥大学获学士、硕士、博士学位，随后在麻省理工、康奈尔、哥伦比亚等多所名校任教，现任普林斯顿大学教授，美国经济学会美中学术交流委员会主席，曾发表计量经济论文的邹氏检验，是国际著名的中国经济问题专家、计量经济学大师。1967 年邹至庄当选世界计量经济学会院士，是第二位当选的华人。1980 年以后邹至庄开始研究中国经济，并参与中国经济改革，担任中国经济顾问，并积极在中国推广现代经济学教育，为中国培养了大量的经济学人才。

91

主要理论/贡献

92

邹至庄在经济学的多个领域都有所建树，共出版专著11部，发表论文160多篇。在计量经济学方面尤为显著。20世纪60年代，他在理论方面创建的经济计量学的"邹氏检验"，以及提出的动态经济学谱分析方法和最优控制方法，蜚声国际。其中"邹氏检验"已经成为计量经济学中的重要工具。而普林斯顿大学的计量经济学研究计划更是以邹至庄命名，这奠定了他在计量经济学领域的泰斗地位。邹至庄对中国经济及经济学最大的贡献，不仅在于其非凡的学术成就，更在于他最早搭建了我国与世界经济学界的桥梁，他最先把现代西方经济学理论带入中国，对在中国推广现代经济学教育功不可没，并为中国经济学界培养了很多人才。早在1980年，他就担任了"中美经济学教育交流委员会"美方委员会主席，被誉为"中国现代经济学的播种人"。

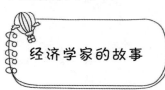

经济学家的故事

在20世纪80年代初，邹至庄就敏锐地关注到了中国经济改革的问题，成为最早研究中国经济问题的海外学者之一。他深知中国经济发展的潜力和重要性，因此他多次回到祖国，辗转各地考察，对中国经济转型做出了特殊的贡献。

为了促进中国经济学的发展，邹至庄积极帮助中国学生出国留学，热心联系，牵线搭桥。20 世纪 80 年代，在原国家教委的邀请下，邹至庄作为"美中经济学教育研究委员会"主席，联系、发起了由美国福特基金会资助的"中美经济学研究生培训班"（后被称为"福特班"）。

自 1985 年起，"福特班"在中国人民大学开办了十期；自 1987 年起，在复旦大学开办了 5 期。每期均邀请若干欧美著名经济学家和在西方获得经济学博士学位的华人顶尖经济学家前来执教。福特基金会还每年资助 60 名学生去美国留学，选拔考试由邹至庄亲自出卷，原国家教委负责组织，在全国重点高校中选拔佼佼者。

传奇学者杨小凯就是在"福特班"创办之前得到邹至庄的赏识，得以留学普林斯顿。同样是顶级计量经济学家的周林、陈晓红、洪永淼也是通过"福特班"得到了出国留学的机会。因此，"福特班"实际上成为中国现代经济学教育的"黄埔军校"，选拔了大量青年才俊出国接受最顶尖的经济学教育，是美国学校了解中国学生的开端，为后来大批中国学生留美搭了桥，成就了一代中国经济学家。可以说，邹至庄和他的"福特班"，对我国经济学界具有启蒙式的深远影响。

正因为邹至庄对中国经济转型所做的特殊贡献和对中国留美经济学会的关心和支持，中国留美经济学会以他的名字命名，特别设立"邹至庄最佳经济学论文奖"。此外，目前邹先生还担任中国科学院研究生院、中国人民大学、复旦大学等国内多所著名高校的名誉教授，并多次为高校学生开设讲座，继续为中国经济学教育事业贡献着自己的力量。

  启迪青少年

邹至庄是一位既在学术上有贡献，又对中华民族充满深情的人。他作为海外学者，十分关注中国的经济改革问题，不遗余力地回国考察、研究，并与政府人员、学者、企业家、百姓交流，为中国的经济学教育事业做出了贡献。并且通过他牵线搭桥，创办了"福特班"项目，为中国学生提供了出国留学的机会。这样的贡献不仅为中国培养了一批优秀的经济学家，也为中国的经济学界带来了启蒙式的影响。此外，邹至庄还在国内多所著名高校担任名誉教授，并为学生讲课，继续为中国经济学教育事业贡献力量。他的故事告诉我们，一个人的成功要始终积极关注国家的发展，并为之付出努力，为祖国建设做出自己的贡献。

气节篇

在这小明梦见了黄宗羲、王茂荫、许涤新、陈岱孙、威廉·刘易斯、阿马蒂亚·森等数位经济学家，并向他们说出了自己心中的疑惑。

您觉得一个人的气节和品德对于选择人生道路有何重要意义？一个人如何才能在迷茫中保持气节和坚守原则？ 小明

黄宗羲 只有坚守自己的原则，才能在迷茫中找到方向。

王茂荫 良好的品德和气节能够赢得他人的尊重和信任，为个人在社会中的发展和成功奠定坚实的基础。

96

陈岱孙 保持气节和坚守原则需要坚强的意志。

许涤新 气节和品德是克服种种难关、取得胜利的重要法宝。

威廉·刘易斯 作为一个黑人学者，我经历了许多歧视和不公平待遇，然而这些困境并没有打败我，反而激励我更加坚定地努力工作。正是这样的气节造就了今天的我。

阿马蒂亚·森 { 一个人只有坦然地接受一切，勇敢地面对一切，才能走出独属自己的人生道路。

经济学家们 { 你不妨再看看我们的人生经历和故事吧！加油！

97

黄宗羲：坚持民族气节，孜孜救世

生平简介

黄宗羲，字太冲，号南雷，出生于浙江余姚。明末清初经学家、史学家、思想家、地理学家、天文历算学家、教育家。"东林七君子"之一黄尊素的长子。黄宗羲与顾炎武、王夫之、唐甄共同被誉为"明末清初四大启蒙思想家"，与顾炎武、方以智、王夫之、朱舜水共同被称为"明末清初五大家"，与陕西的李颙、直隶容城的孙奇逢共同被称为"海内三大鸿儒"。黄宗羲还被尊称为"中国思想启蒙之父"。

主要理论/贡献

黄宗羲的经济思想在晚明儒家经济哲学中呈现出三个新的突破。首先，他提出了"工商皆本"的观点，首次从

98

哲学的角度肯定了工商业在未来理想社会中与农业同等重要，实现了"本末"问题的新突破。其次，他与同时代的人提出了货币思想，反映了对建立统一货币等价物的货币学思想的需求，以及统一货币与建立国内统一市场的经济思想。最后，他提出了改革吏制和保护富民的思想，暗示对传统国家法权合法性的质疑。他的经济哲学的根本价值诉求是增加国民财富，而不只是增加国家财政收入，以一种托古的方式表达了对新社会的向往。

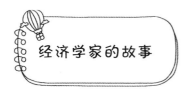

经济学家的故事

99

　　黄宗羲在学术上造诣颇深，然而他的一生都是在拯救国家的奋斗时光中度过。明朝尚在时，他在父亲被平反后，意识到大明王朝的腐朽，决心通过自己的能力来报效国家，让百姓安居乐业。他努力读书修学，并拜师于著名哲学家刘宗周。然而，明末文人结社的风气兴盛，党争激烈，黄宗羲也被卷入其中。在南京参加应试期间，黄宗羲加入了复社，并与社内成员一起发表了《南都防乱公揭》，批评魏忠贤的走狗阮大铖。他还加入了何乔远的诗社，并与其他成员组织了"梨洲复社"。然而，这些社团除了提供一个讨论时政的平台，并没有对国家和百姓有实质性的帮助。黄宗羲意识到"梨洲复社"的无效性，决定回到家乡余姚。

然而，在他回乡的第二年，李自成率领清军入关，明朝灭亡。清廷为了打击报复黄宗羲等复社成员，编写了《蝗蝻录》，并逮捕了他们。清军攻下南京后，希望他的恩师刘宗周效力于清廷，但刘宗周断然拒绝，并选择绝食而死。黄宗羲得知后感慨万分。

黄宗羲与他的父亲一样，都具有坚定的意志。他深知要实现自己的理想，必须依靠自己的力量。因此，黄宗羲卖掉了家产，召集了600多名义勇军，组织了名为"世忠营"的队伍，响应了孙嘉绩、熊汝霖等人发动的反清起义，并投靠了鲁王政权。黄宗羲联合孙嘉绩的"火攻营"等一共3 000兵力，按预先的作战计划，一举攻下了钱江西岸的潭山。抗清义军取得的暂时性胜利，极大地鼓舞了浙西地区的反清力量。黄宗羲反清义军所到之处，受到广大民众的支持，百姓们闻讯，皆以牛、酒相送。然而，清军抓住了钱塘江大旱的机会，势如破竹，压倒了起义军，最终导致浙东失守。黄宗羲带领残兵避难到四明山，但他的信念仍未改变，他秘密与鲁王联系，提出了继续反攻清军的计划。然而，鲁王早已没有这个意愿。随着鲁王政权的瓦解，黄宗羲感到灰心丧意。他多次被清廷通缉，他的弟弟多次被捕，家人接连不断地生病逝去，他的故居也两次遭到火灾。从年轻时的抗争到晚年的顿悟，黄宗羲一生都在与清廷对抗中度过，经历了战火纷飞、生死考验，也改变不了他对国家的忠诚。

启迪青少年

　　黄宗羲的一生都在为国家的兴盛和人民的幸福而奋斗，他的志向和格局真是令人钦佩。黄宗羲的一生充满了战火和考验，他和他的家人遭受了许多困苦和不幸。但即使在最困难的时刻，他仍然保持着对国家的忠诚和对未来的希望。他的故事给我们很大的启示，让我们深深地明白了一个人的志向和格局的重要性。黄宗羲的一生也充满了奋斗和牺牲。他为国家的命运和人民的幸福而奋斗，他的忠诚和勇气令人敬佩。我们应该向黄宗羲学习，树立起为国为民奋斗的志向和理想，长大后为国家和社会做出自己的贡献。

101

王茂荫：清廉正直，传承家风

生平简介

王茂荫，字椿年，号子怀，出生于安徽省歙县，是清代中国著名的经济学家。他一生俭朴，廉明勤政，直言敢谏，淡泊名利。他致力于研究中国的经济史，特别是货币史，他的货币观点备受瞩目，被学术界誉为"中国封建社会货币理论的最高成就"。王茂荫还是马克思《资本论》中提到的唯一一位中国人。

主要理论/贡献

王茂荫是中国自管子以来最富于创新的货币思想者，也是中国货币思想传统的集大成者。王茂荫的货币思想核心理念是"以实运虚"，主要体现在两个方面：一是政府在实际运作中需要一定比率的商品货币储备来支持纸币；

二是根据预定的货币法则，纸币和商品货币在一定比率下同时流通。他提倡通过保持商品储备来坚定纸币持有者对纸币的信心，并主张权力机构制定纸币的价值。王茂荫深谙发钞成功之道，认为要平衡政府、商贾、老百姓的三方面利益关系，任何一面倒的政策只有注定失败。

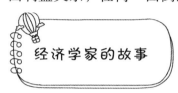

经济学家的故事

103

在歙县杞梓里大山区，有一位少年叫王茂荫。他的二姑妈方栢芝家住在三阳坑，离他家有20里蜿蜒的山路。这条路是明清时期昌徽官道上最险峻的路段之一，是徽州人通往江浙外出经商的必经之路。在这条山路上，最险峻的地段叫中岭头，那里有一口清泉。过往行人常常在这里歇脚，饮泉解渴。然而，这里也常常有强盗出没，并经常发生杀人越货的事情。王茂荫便给这口泉取名为"盗泉"，并在附近贴了红绿告示，告诫过往行人"渴不饮盗泉之水"，提醒大家要谨防强盗。因此，乡人们都称他为"善童"。

在那个年代，这条杞梓里至三阳坑的陡峭的山道旁，还曾长有一株茂盛的漆树。许多过往商人在炎热的夏天都会到树下歇息避暑，却因此染上了漆疮，皮肤痛痒难耐，以致耽误行程。王茂荫听说了这个情况，又做了一块木牌，上面写着"热不息恶木之阴"，插立在树旁，警示过往行人。后来，"渴不饮盗泉水，热不栖恶木阴"成了王茂荫为人做官行事的准则。

　　道光十一年，王茂荫考上了举人，接着又在第二年成功成为进士，备任户部官员。然而，在当年九月，他向上级请假，希望能够南归探望家人。他的老祖母方太夫人，已经年过七旬，见到孙子步入仕途，喜不自胜。她谆谆告诫孙子说："我当初只是希望你们这一辈子通过读书，懂得为人处世的道理，从来没有想过你会成为进士，这可真是老天对我们王家的眷顾啊！你必须忠诚于国家大事，恪尽职守，切不可涉足贪污受贿之事。我们要共同守护王家的家风，我不求你在仕途上争取高官厚禄，也不指望你聚敛财富。"当祖母八十寿辰那年，王茂荫提前两个月请假回家，祖母再次叮嘱他："我们家虽然朴素，但足够自给自足，希望你能守身清白，不要贪图财富。"王茂荫对祖母的教诲铭记一生，并教导自己的儿子们："一生清廉正直，这就是我们家族的传统啊！"后来王茂荫身居二品大员之位，但他从未因为地位显赫而贪图不义之财。他去世时并未留下多少财产，甚至在临终前还教导后人："我留给子孙的书籍，胜过百万顷良田；我留给后人的声誉和品德，胜过万贯黄金。我自己并不需要什么，清白正直就足够了！"

启迪青少年

这个故事展现了王茂荫的人生格局，以及王茂荫家族的家风传承。他在年轻时就展现出善良和关心他人的品质。他警示过往行人，制定自己的为官准则，表现了他对社会责任和公共利益的关注。他的祖母方太夫人也教导他要忠诚于国家，恪尽职守，不贪图财富，共同守护家族的家风。这种家族价值传承，使得王茂荫成为一生清廉正直的官员。即使身居高位，他也未贪图不义之财，甚至在临终前强调知识和品德比财富更重要。王茂荫的人生格局给人们留下深刻的印象，也给青少年们树立了榜样。

陈岱孙： 立于三尺讲台的学术宗师

生平简介

　　陈岱孙，1900 年 10 月 20 日生于福建省闽侯县。著名经济学家、教育家。1924 年取得哈佛大学文学硕士学位。1926 年取得哈佛大学哲学博士学位。1927 年回国后，任清华大学法学院院长及经济系主任。1937 年随清华大学南迁，先后在长沙临时大学、西南联合大学任经济系主任、商学系主任。1952 年任中央财经学院第一副院长。1953 年起任北京大学经济系教授、系主任。陈岱孙在财政学、统计学、国际金融、经济学说史等方面都有极高的研究成就。

主要理论/贡献

　　陈岱孙先生学贯马克思经济学和西方经济学，是杰出的教育家，中国经济学界一代宗师。他将全部的精力贯注到教书育人之中，为祖国培养出来一代又一代优秀的经济学人才。在长期坚持教学第一线的同时，陈岱孙也毫不松懈地从事学术研究，在经济学领域做出了卓越的贡献。主要著作有《从古典经济学派到马克思》。

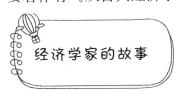

经济学家的故事

陈岱孙，出身世家，六岁起他便进入私塾读书，在祖父的督促下，通读四书五经，国学功底极为扎实。担任驻外使节的外祖父则为他请了英文教师，陈岱孙从小就掌握了良好的英文能力。1918年，陈岱孙考入了清华学校留美预备班。两年后，陈岱孙以优异的成绩从清华毕业，并取得了公费留美的资格，踏上了留学美国的道路。到了美国后，陈岱孙先后进入了威斯康星大学和哈佛大学读书。在哈佛大学度过的四年中，陈岱孙从不外出游玩，只在图书馆中发奋读书，先后取得了哈佛大学文学硕士学位和哲学博士学位。他还因成绩突出，荣获了美国大学生的最高奖——金钥匙奖。

1927年从哈佛大学毕业后，陈岱孙回到祖国。当时以陈岱孙的本领，他本可以选择更轻松、更有名望的工作。但他在清华读书的两年间经历了"五四运动"，当时国内纷乱的局势使得陈岱孙和当时的很多年轻人一样，无比渴望中国能走上富国强兵之路。为了使中国富强，他毅然选择了经济学作为终身的专业，希望运用所学的知识，培育治国经邦的人才，以改变祖国贫穷落后的面貌。

于是怀抱着"经济救国"的志向，1927年9月，陈岱孙赴任清华大学经济系教授，成为清华大学最年轻的教授之一。后来，陈岱孙又长期在西南联大、中央财经学院、北京大学等大学任教。自1954年起，他担任北京大学经济系主任，直至1984年。

陈岱孙把一生都献给了教育和学术，即使在炮火和极端贫困中，他也始终坚持教书育人。他前后在清华和北大这两个最重要的大学，做了多年的系主任，执掌中国最重要的两个经济学阵地长达半个多世纪，培养了许多经济人才。

每一位听过陈岱孙讲课的学生，在后来的回忆中，无一不称赏、崇拜先生渊博的学识、卓越的教学艺术、逻辑严密的论述。每次上课，陈岱孙都是提前到，钟声一响，便开讲。他讲课从未准备讲稿，但出口成章，并且他的声音有节奏、有韵律，听他的课如同听音乐一样。在他的课堂上，即使是那些抽象的经济理论，也都能被他讲得明明白白，他的课逻辑严密，清晰易懂，引人入胜。他成功让艰深难懂的课程，成为让学生们享受并欢迎的课堂。最让人称奇的是，陈先生讲完最后一句话，合上书本，此时钟声正好响起，一切就是这么天衣无缝，让同学们为之既惊叹又欣赏。

陈岱孙平时不苟言笑，但他对学生的任何进步都深感欣慰，对学生的困难也始终关怀备至，虽然他自己的生活十分清贫，却设立了奖学金来资助后辈。当他的学生们也纷纷从事学术研究，开始撰写学术著作，恳请恩师审阅指正和撰写序言时，他对此从不推辞。

陈岱孙回顾自己的一生，曾谦虚地说，我这辈子只做了一件事，那就是"教书"。

启迪青少年

109

陈岱孙深知国家富强离不开现代经济建设的支撑，于是在历史的特殊时期他选择了经济学作为终生的事业，往后一生都在为教育事业奉献，影响了一代又一代的学生。我们也应该像陈岱孙一样，认识到自己的个人命运与国家和民族的前途命运紧密相连，要有伟大的爱国之心，将个人理想融入国家和民族的进步中，要在自己能力范围内，为社会和他人做出自己的贡献。

许涤新： 乐观坚定的共产党人

生平简介

110

　　许涤新（1906—1988），原名声闻，广东揭阳人，经济学家，复旦大学经济学院教授，马克思主义经济学中国化的开创者和践行者。1949—1951年任复旦大学经济研究所所长。中华人民共和国成立后历任国务院第八办公室副主任，中国科学院哲学社会科学部委员，中国社会科学院经济研究所所长、副院长、顾问。他的著作主要有《中国经济的道路》《经济论衡》《官僚资本论》《新民主主义经济论》《生态经济学探索》《当代中国的人口》等，并主编有《政治经济学辞典》《中国资本主义发展史》《中国大百科全书·经济学》等。

主要理论/贡献

许涤新在民主革命时期就积极探索中国新民主主义经济发展的道路，他的研究成果十分丰硕，自成体系，特别在社会主义改造的理论与实践、价值规律在社会主义经济中的作用、社会主义生产与生态环境的关系等研究领域取得了十分显著的成绩。许涤新对我国经济社会发展中许多重大问题有十分敏锐的洞察力，他较早提出除了要遵守经济规律，还要遵守自然规律和人口规律，因此他也是我国生态经济学和人口经济学的奠基人。除此之外，许涤新还是一位有着丰富实践经验的马克思主义经济学家，他在推动马克思主义经济学与中国新民主主义经济研究的结合上做出了突出贡献，较早开始推进马克思主义经济学中国化的历史进程，为构建有中国特色的马克思主义经济学体系做出了重大贡献。

111

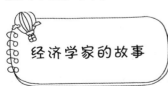

经济学家的故事

上小学时，年幼时的许涤新从历史课本上了解到了中国遭受的苦难和国耻，从那时起对国家前途命运的担忧就在他心里埋下了种子，他一直渴望能够找到一个改变中国现状的道路和方法。青年时期，许涤新在深入研读了孙中山的《三民主义》和《建国方略》后，思想变得更加开放。之后不久，他又接触到了陈望道翻译的《共产党宣言》，《共产党宣言》深深地影响到他的思想。随着他不断地思考和研究，马克思主义的信仰逐渐在他心里扎下了根，最终 1925 年秋天许涤新在汕头加入了中国共青团。

当时许涤新正在中山大学读书，与他同样从揭阳中学考进中山大学的同学都拥护三民主义，只有他一人拥护共产主义。因此他常常受到质疑和挑战，但无论斗争多么尖锐，许涤新都没有丝毫畏惧，始终坚守着自己的信念，即便几次困于危险甚至是徘徊于牺牲的边缘，他也从未想过放弃共产主义的信仰，而是选择坚定地做一名脚踏实地的马克思主义者。

许涤新的革命斗争之路异常艰难，他的命运随着革命斗争的跌宕沉浮，1935 年 2 月，许涤新再次陷入生命危机。当时中共上海地下党组织遭到第三次严重破坏，因叛徒告密，他被国民党逮捕，关进苏州陆军监狱，受尽了严刑拷打。在监狱中，他与外界完全断绝了音讯，面对残酷的国民党反动派与封锁的监狱，许涤新展现出了非常积极乐观的心态，写下了这两首诗：

狱中诗

团结如磐石，怒目对狱吏，

斗志似火流，狱底不知秋。

军棍与镣铐，一一上身来。

最后胜利在，有谁感悲哀？

（1936 年于狱中）

菩萨蛮

铁流滚滚西征去，姑苏城外幽暗处。

窗外月如钩，心涛万里流。

春雷震狱底，狱底无秋意。

壮志岂能囚，抗争不罢休。

（1936 年于狱中）

　　即便是在如此艰苦卓绝、信息封闭的环境之中，许涤新的志向依旧坚如磐石，笔耕不辍，写出了《战时中国经济轮廓》《中国经济的道路》《现代中国经济教程》等著作。直至 1937 年抗日战争全面爆发，国民党被迫释放政治犯，许涤新才重获自由。

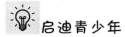启迪青少年

一名坚定的共产党人的雄心壮志，国民党的牢房囚不住。面对人生中的挫折与苦难，许涤新抱着真理必胜的信念，昂首挺胸，望着眼前沉重的黑暗，坚信邪恶终究会被洗涤干净。许涤新对知识和信仰的坚持是他能够克服种种难关、取得胜利的重要法宝。在我们遇到困境时，也应该像许涤新一样树立远大的志向，同时也要有开阔的格局，将困境转化为机会，保持乐观的心态，积极面对困难，不断前行。

威廉·刘易斯：坚持信念，超越偏见

生平简介

　　威廉·阿瑟·刘易斯，1915年1月23日出生于圣卢西亚的卡斯特里。美国经济学家，作家，诺贝尔奖得主。曾担任包括尼日利亚、加纳、特立尼达和多巴哥、牙买加和巴巴多斯等许多非洲国家政府的经济顾问。因其在发展经济学理论与实际工作方面的贡献，荣获1979年度诺贝尔经济学奖，是第一位拿到诺贝尔和平奖的黑人，迄今唯一一位拿到诺贝尔科学研究奖项的黑人。刘易斯一生致力于发展经济学研究工作，出版了12部专著，撰写有10余篇政府发展报告和70余篇论文，主要著作有《经济计划原理》《经济成长理论》《经济成长面面观》《国际经济秩序之演化》等。

主要理论/贡献

刘易斯是发展经济学的成就者，是研究发展中国家经济问题的领导者和先驱。刘易斯从 20 世纪 50 年代中期就开始了对发展中国家贫困及经济发展速度缓慢的内在原因的研究，他所提出的著名的"二元经济"模型理论为他赢得了极大的声誉并引起了广泛的科学辩论，由此形成了对刘易斯原来的前提的一系列发展和补充，该模型亦被运用于实际以验证其应用性。这一模型的分析不仅表明了发展中国家贫困的根本原因，还为发展中国家摆脱贫困走上富裕提供了一条可能的路途。

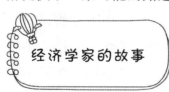
经济学家的故事

刘易斯出生于圣卢西亚的卡斯特里，是家里的第四个孩子。他父亲在他七岁的时候就去世了，留下母亲独自抚养家里五个孩子。尽管生活艰苦，他的母亲仍尽力为孩子们提供了良好的教育，鼓励他们努力上进，争取自己应得的尊重。

刘易斯没有辜负母亲的期望，他是个天才，从小就展

116

现出惊人的智慧。在 6 岁那年，他因为染病而被迫辍学三个月，复学后，刘易斯跳了两个年级，但他的学习进度依然超过了同龄人。

然而，这样的经历却给刘易斯童年带来了很多创伤，使他产生了严重的自卑感。因为在他的学校生活中，和他一起上课的同学都比他大两三岁，由于体格小、年龄也小，刘易斯常常受欺负，做游戏时他被挤到一边，玩板球时他总是被排在最后一个上场。

刘易斯所遭受的这种不公平待遇不仅仅是在学校，在社会上更是如此。高中毕业后，他凭借优异的成绩获得路易斯政府奖学金，可以选择进入英国任何的大学深造，但这样的机会并没有让他感到兴奋，反而让他更加迷茫，因为他不想行医，也不想当老师，他一心想成为工程师。但是在那个年代里，只有律师、医生、传教士与教师是黑人青年能从事的工作，没有人会愿意雇佣黑人来当工程师。这使得刘易斯不得不放弃理想，另寻出路，转而学习实用的经济学，就这样刘易斯进入了伦敦经济学院，成为第一个被该学院被录取的黑人学生。这个决定是刘易斯生命中的重要转折点。在伦敦经济学院的学习期间，经济学成为刘易斯最擅长的科目。1937 年，他以第一名的成绩顺利毕业，并获得学院的奖学金，继续攻读经济学博士学位，从此，他找到了自己想要为之奋斗一生的理想，立志要成为

117

一名经济学者，用自己的研究成果造福处于困境之中的发展中国家。

　　面对社会上的种种偏见和歧视，刘易斯从未气馁，他始终记得母亲的教导，将精力投入到自我提升上面来，正是这种坚定的信念和毅力，使得刘易斯成为一位备受尊敬的经济学者。他的成就不仅仅是个人的荣耀，更是对整个黑人民族的鼓舞。他用自己的实际行动证明了，只要有信念和毅力，就能战胜一切困难，实现自己的梦想。

 启迪青少年

　　作为一个黑人学者，威廉·刘易斯在求学和职业生涯中，经历了许多歧视和不公正待遇，然而，这些困境并没有动摇威廉·刘易斯的热情和动力，反而激励他更加努力地工作，因为他深信自己的责任就是要为打破种族隔阂、促进社会平等做出贡献。他的故事激励着我们要勇敢战胜困难，为创造一个更美好的世界贡献力量。

阿马蒂亚·森：积极的人生态度

生平简介

　　阿马蒂亚·森，1933 年出生于印度孟加拉湾，1959 年在英国剑桥大学获得博士学位，其后先后在印度、英国和美国任教。1998 年离开哈佛大学到英国剑桥大学三一学院任院长。他曾为联合国开发计划署写过人类发展报告，当过联合国前秘书长加利的经济顾问。他因为在福利经济学上的贡献获得 1998 年诺贝尔经济学奖。2016 年，受聘为北京大学经济学院特聘教授。

119

主要理论/贡献

　　阿马蒂亚·森的一生都在关心穷人的经济问题，他研究经济学的重要动机之一，是帮助他的祖国印度摆脱经济贫困，走向繁荣。他曾为联合国开发计划署写过人类发展报告，当过联合国前秘书长加利的经济顾问。除此之外，他设计了若干方法，用来测算贫穷的程度，为改善穷人的经济状况提供有效的帮助；他关于研究饥荒原因的著作也尤负盛名，他的研究成果具有很大的现实意义，为有效地防止或减轻食物短缺带来的后果提供了实际的解决方法。阿马蒂亚·森无愧于"穷人的经济学家""经济学界的良心"的称号。

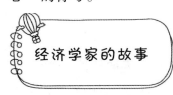

经济学家的故事

　　1951年，年仅18岁的阿马蒂亚·森离开家乡，来到加尔各答上大学，那时他的生活充满了憧憬和希望，然而，命运却对他开了一个残酷的玩笑。不久，他就发现自己的口腔里长了一个硬块，并且硬块在不断长大。他先后去了好几次医院，咨询了两位医生都认为其只是点小问题。但阿马蒂亚一直放心不下，他自己在医学图书馆查阅了一些关于癌症的书籍，根据资料，他自己给自己诊断为"鳞状细胞癌"。最终的活检结果证实了他的判断，他患上了口腔癌，医生预测他未来五年能活下来的几率堪忧。

　　面临这样的考验，阿马蒂亚·森并未气馁。他坚定地相信自己能够战胜病魔，那一年冬天，在加城的癌病医院，他接受了当时属于新事物的放射性疗法，连续7天坐在诊疗室的椅子上，每天长达五小时的高强度辐射。在治疗时，他不时阅读托马斯·曼的小说，不时从一扇小小的窗户望向窗外。窗外有一棵树，带给他点点慰藉。

"阿马蒂亚"这个名字，是大诗人泰戈尔给起的。在梵语里，"阿马蒂亚"意味着"不朽"。也许是名字暗示了阿马蒂亚的人生，下了巨大赌注的放疗非常成功，他得以继续学业，然后赴剑桥深造。不过放疗还是在他的口腔中留下了不可逆的创伤，往后阿马蒂亚说话时总是带着明显的发音困难，但他从没有把这些困难放在眼里。在他的回忆录里，他以一种极为超脱的态度讲述了这段经历。2018年，阿马蒂亚再次面临癌症的威胁，他又接受了90天的放射治疗以治疗前列腺癌。癌症始终没有征服阿玛蒂亚·森的无畏。

121

如今，阿马蒂亚·森已经是一位享有国际盛誉的经济学家。他的成就不仅仅体现在学术上，更在于他的人生态度上。他用自己的经历告诉我们那些打不倒我们的困难，终将使我们变得强大。

启迪青少年

不管是面对病魔，还是面对生命中的种种其他的困境，阿马蒂亚从不抱怨命运的不公，而是坦然地接受一切，勇敢地面对一切。他将困难视为人生中不可避免的一部分，把他经历的各种痛苦和困境转化为促成他继续生活和坚持学习的重要动力，因而他能从容不迫地战胜生活中的一切挑战。他展现出的对生命的热爱和追求，最值得我们敬仰。他的精神将永远激励着我们保持对未来的憧憬。

真理篇

  在这小明梦见了尹世杰、卫兴华、吴敬琏、白重恩、亚里士多德、琼·罗宾逊这数位经济学家，并向他们说出了自己心中的疑惑。

> 在您的成长过程中，您是如何追求真理的？您认为什么才是真理？

小明

尹世杰
> 真理是人生道路上的指引。我理解的真理是对事物本质和规律的正确认识。

卫兴华
> 在我的成长过程中，我一直在追求真理，我认为真理是经过实践验证的。我会不断学习、思考和实践，以求得真理。

124

吴敬琏
> 我觉得一个人在迷茫中找到真理需要不断地学习和思考，同时也需要坚定的信念和正确的价值观。

白重恩
> 我希望通过自己的努力，不断追求真理，为社会的发展做出一些贡献。

亚里士多德
> 我认为我的兴趣和天赋可以与追求真理相结合。我希望能够通过自己的努力，不断追求真理，找到属于自己的道路。

琼·罗宾逊 ｛ 真理是人认识世界的目标和动力，无论身处何地，我们都要坚持真理、敢于挑战传统。

经济学家们 ｛ 你不妨再看看我们的人生经历和故事吧！加油！

125

尹世杰： 当代消费经济学的探索者

生平简介

尹世杰，1922 年出生于湖南洞口，中共党员。中国著名经济学家、消费经济学创始人，首届孙冶方经济科学奖获得者。1946 年毕业于湖南大学经济系，后留校任教，并参加地下党工作。历任武汉大学经济系主任、湘潭大学政治系主任、湘潭大学经济系主任、消费经济研究所所长，湖南师范大学教授，是享受国务院政府特殊津贴专家和湘潭大学首批受聘教授之一。

主要理论/贡献

尹世杰是中国著名经济学家，消费经济学的主要创始人和学术带头人。1991 年经国务院批准为有突出贡献的专家，1992 年获中国保护消费者基金会首届保护消费者杯个人最高奖。尹世杰在消费经济研究方面拥有全国"六个第一"：第一个把消费经济作为独立学科进行研究，出版了第一本系统研究消费经济的专著，获第一届孙冶方经济科学奖，第一个招收消费经济学专业研究生，创办了第一个消费经济研究所——湘潭大学消费经济研究所，创办了第一家消费经济专业刊物——《消费经济》。除此之外，他长期执教于武汉大学、湘潭大学、湖南师范大学，带出了一大批从事消费经济学、市场经济学研究的后起之秀，并先后在湘潭大学、湖南师范大学创办了两个消费经济学研究基地。

经济学家的故事

127

尹世杰出生于湖南省石柱乡的一个书香世家，自幼受到良好的家庭教育。他从小随父亲在家习读"四书五经"，十多岁被送往学校。尽管学习任务繁重，但尹世杰凭借着天资聪颖和勤奋刻苦，打下了扎实的古文功底。

在中学时期，尹世杰更是以一篇题为《读书与救国》的文章在全县作文竞赛中摘得桂冠。文章中，他围绕蔡元培提倡的"读书不忘救国，救国不忘读书"展开论述，强调救国先要学好真本事。这种强烈的爱国情怀和责任担当，为他日后的学术研究奠定了坚实的基础。尹世杰选择学经济学，选择研究消费经济，与他的初心是分不开的。

1942 年，正值抗日战争最艰难的时期，面对着国破家亡的局面，还在读高中的尹世杰违背父亲要他学历史的意愿，毅然立志学经济，他认为经济学是经世致用之学，为国家不受侵略，为国家富强、人民幸福安康，时代与国家都需要经济人才。

1946 年尹世杰大学毕业，撰写了一篇长达三万字的毕业论文《中国封建社会长期停滞论》，描述了国民党统治下生产不发达、人民生活艰难、国民党却骄奢淫逸的情况。他感到极大的不公平，渴望一个新社会的来临，渴望民众的消费问题能够得到解决，这是他决心研究消费经济的重要原因。

往后，从湖南大学教师到武汉大学教师、湘潭大学教师、湖南师范大学教师，尹世杰都坚守着"经世致用、经世济民"的初心；坚守着以消费经济为专业，以消费经济研究为事业。用他自己的话来说："消费经济研究就是我的命，就是我的一切。"他不仅是个学习狂，还是个工作狂、写作狂。80 岁以后，他还公开发表百万字的著作。废寝忘食成了他的习惯，争分夺秒地学习，忘我地工作，不停歇地写作是他一辈子的常态，哪怕是半夜，只要灵感来了，他爬起来就写。

正如他在日记中写道的那样："我只知辛勤地耕耘，

收获留给社会、留给历史、留给学术后辈。"尹世杰的一生充满了对知识的渴求和对国家的忠诚，他的精神品质和学术成就将永远激励着后来者继续前行。

启迪青少年

尹世杰始终坚信经济学可以为国家和民族带来繁荣昌盛，因此选择了这条充满挑战的道路。在他的努力下，消费经济成为中国经济学界的一个重要分支，为国家的经济发展提供了有力的理论支持。他用一生注解经济学是"经世致用、经世济民"的学问，用一世践行"事业高于生命、为消费经济而生"的人生态度。尹教授的故事激励着我们一代又一代的年轻人像他一样，通过不懈地努力和坚定的信念，为国家和民族的发展做出贡献。

129

卫兴华： 不忘初心的人民教育家

生平简介

　　卫兴华，中共党员，山西五台县人。中国人民大学荣誉一级教授，我国著名经济学家，长期从事《资本论》研究，他主编的《政治经济学原理》教材是全国影响力和发行量最大的教材之一。2019年9月17日，国家主席习近平签署主席令，授予卫兴华先生"人民教育家"国家荣誉称号。2019年9月25日，卫兴华先生被中宣部、中组部等9部委授予"最美奋斗者"荣誉称号。他是第四届吴玉章人文社会科学终身成就奖、第九届中国经济理论创新奖、世界马克思主义经济学奖获得者。

主要理论/贡献

　　卫兴华在国内较早提出一系列具有创新性的理论观

点。他将中国特色社会主义政治经济学的主线表述为通过
快速发展生产力，逐步实现共同富裕；提出应该突破生产
力的两要素或者三要素的传统界限，主张生产力的多要
素；主张发展和完善社会主义，将生产的标准和价值标准
统一起来；界定社会主义经济运行机制概念，提出了计划
调节市场、市场引导企业的运行机制模式，为中国特色社
会主义政治经济学发展做出了重大贡献。卫兴华还重视对
马克思的财富论的研究，为推动马克思主义经济学发展和
改革开放做出了许多新探索。

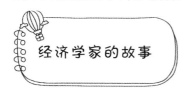

131

卫兴华出生在山西五台县善文村一个农民家庭，上小学
时在老家目睹了日本侵略者烧杀掠抢的恶行，从小有了强烈
的抗日意识，下定决心要抗日救国，不当亡国奴。1942 年，
为了表达自己的抗日兴华之志，他把名字从"卫显贵"改
为"卫兴华"。1943 年，卫兴华考入进山中学，在这里他读
到了很多进步书籍，受到了马克思主义的影响。同时，在校
长、地下党员赵宗复的关怀与影响下，他接受革命思想，走
上了革命道路并开始了对真理的毕生追求。

1946 年，卫兴华在进山中学读书期间开始做党的地下
工作，第二年便正式加入了党组织。这一年由于组织内部

的一个人的出卖，他被捕入狱。在监狱里卫兴华一直严守党的秘密，抗住了一次次审讯，没有暴露真实身份。出狱之后，组织上从他的安全和工作需要考虑，于1948年安排他到北平继续从事革命工作。1948年11月，卫兴华顺利回到解放区，结束地下党工作进入华北大学读书。

从事革命活动这两年多时间里，卫兴华看到了很多地下党同志为党和人民的事业献出了年轻的生命，他深深地明白新中国的红旗上浸染着的都是烈士们的鲜血，烈士们的这种为中国革命事业奋斗的精神激励着他不忘初心，继续为祖国、为人民而奋斗。

1950年，中国人民大学建校后，组织上选派卫兴华学习研究马克思主义政治经济学。卫兴华没有一丝犹豫便服从组织安排，成为中国人民大学首届政治经济学研究生，1952年留校任教。60余年来，卫兴华笔耕不辍，提出了一系列具有创新性的理论观点。为培养国家所需人才，卫兴华在教学研究岗位上一干就是63年。

卫兴华曾说过作为经济学家，就要成为人民拥护的经济学家，做一个替老百姓、替人民说话的经济学家。他始终关注现实社会中的劳动人民，特别重视收入差距扩大的趋势和弱势群体的民生问题，希望劳动人民都能过上富足的日子。

卫兴华为国为民的责任和担当也在言传身教中对他的学

生产生了深刻的影响。为使马克思主义经济学的精髓传承下去，卫兴华始终坚持教书和育人相结合，对自己的学生尽心竭力，严格要求。94 岁高龄时，他虽病痛缠身，但仍坚守在教学一线，担任博士生导师，每天坚持学习、工作。

卫兴华曾在文章中写过这样一段话，"我是在中国共产党创建的中国人民大学，学习了马克思主义政治经济学的，深知马克思主义的初心。这样，党的初心、马克思主义的初心、烈士先驱们的初心都融合于我的心中，不管是顺境逆境，不管受了多少挫折和委屈，初心不改。在习近平新时代中国特色社会主义思想的指引下，我将继续为增进劳动人民的福祉鼓与呼，为坚持马克思主义经济学，为创建中国特色社会主义政治经济学贡献一份力量。"

133

这就是卫兴华，这就是不忘初心的人民教育家。

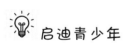

启迪青少年

卫兴华对国家和民族的责任感、使命感伴随他一生。当国家需要政治经济学的研究人才时，他毫不犹豫地将政治经济学的教学与研究作为自己毕生的事业。从最初对政治经济学的陌生到成为全国著名的政治经济学专家，可以说是付出了非常大的努力，卫兴华这种潜心学术深钻细研的高尚品格、赤诚热烈的爱国爱党爱民情怀都值得我们学习。

吴敬琏： 年逾半百， 推倒重来

生平简介

吴敬琏，1930 年出生于南京，1954 年毕业于上海复旦大学经济系。1983 年前往耶鲁大学经济系和社会政策研究所从事客座研究。1984 年到国务院经济技术社会发展研究中心工作。1984—1992 年，连续五次获得中国"孙冶方经济科学奖"。2003 年获得国际管理学会（IAM）"杰出成就奖"，2005 年荣获首届"中国经济学奖杰出贡献奖"。现为国务院发展研究中心研究员，中国社会科学院研究生院教授。主要研究领域为比较制度分析、中国经济改革的理论和政策。

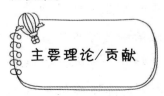
主要理论/贡献

作为中国改革开放时代背景下成长起来的经济学家，

吴敬琏以他的学术经历和贡献为中国经济学做出了不可忽视的贡献。吴敬琏深入中国改革的实际，提出了多项有价值的政策建议，他较早提出而且顽强坚持要在中国实行市场经济，主张以竞争促进效率，以市场配置资源；主张国民经济协调发展。除理论活动外，吴敬琏在我国信息产业发展、民间商会发展等方面也做出了卓越贡献。

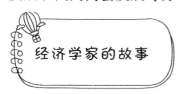

经济学家的故事

在 20 世纪 80 年代初期，中国经历着翻天覆地的变化，吴敬琏和他的同事们感受颇深，既有兴奋又有迷茫。一方面，随着改革开放的深入，国家发展日新月异；另一方面，许多新的困难和矛盾日渐凸显，而中国当时的经济理论已无法解决现实中的这些问题。为了寻找中国经济新的发展之道，吴敬琏等人向研究所申请去西方国家学习经济学。1983 年 1 月，吴敬琏获得了福特基金会的支持并前往新古典经济学的重镇——美国耶鲁大学做访问研究员。这年，他已经 53 岁了。

年过半百的吴敬琏来到耶鲁大学后，才意识到问题的严重性。由于语言不通，他发现自己不仅听不懂专业的学术研讨会，甚至连研究生的基础课都听不懂。为了准备几句简短发言，他得耗费数十个小时来准备。除了语言上的

135

难关，还有就是在这之前吴敬琏从未接触过西方的经济学体系，来到了耶鲁大学才发现他之前所学的经济学理论体系与西方的经济学理论体系完全不同。因而他只能从大学本科的基础课开始，从头学起，循序渐进地去接触各种理论知识。慢慢地，凭借着自己的努力和悟性，他在语言和专业领域都迅速进步，不久就能参与专业的学术讨论。

除了这些，在生活上吴敬琏也不太适应。在耶鲁大学的日子里，他大部分时间只能靠着煮白菜凑合着度日。那段时间里，吴敬琏度过了一生中最艰难的求知之路。尽管如此，他还是"半做学生、半做学者"地努力从新学的知识中寻找解决中国经济问题的方案。

这一年半的刻苦努力对吴敬琏学术思想的成熟至关重要，也是这一年半的学习，让他形成了对中国经济改革的主要看法。

经过艰难的求学之后，1984 年，吴敬琏回到中国，立即投身于轰轰烈烈的改革大潮，积极推动国家的市场经济体制改革和国有企业管理改革。他所提出的学术见解和建议得到了国家的认可和采纳，对中国经济的发展起到了重要的作用。在他的推动下，中国的市场经济体制逐步建立和完善，国有企业改革取得了显著的成果。可以说，这些改革举措为中国经济的发展奠定了坚实的基础。

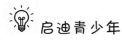 启迪青少年

从吴敬琏的故事中我们可以看到，只有不断学习和实践，才能不断提升自己的能力和水平，成为一个有价值的人。同时，吴敬琏在年过半百的时候选择了为中国经济寻找道路去美国留学，学习先进的理论知识和实践经验，他的这种勇气和决心体现了经济学家的家国情怀和担当精神，我们也应该像他一样，在追求个人发展的同时，也不要忘记为国家和社会做出自己的贡献。

137

白重恩： 从数学梦到经济研究之路

生平简介

138

　　白重恩，1963 年 10 月生于江苏南京，清华大学经济管理学院院长、弗里曼经济学讲席教授，中华全国工商业联合会第十三届执行委员会副主席。白重恩于 1983 年毕业于中国科学技术大学数学系，获数学学士学位；1988 年毕业于美国加利福尼亚大学圣迭戈分校数学系，获数学博士学位；1993 年毕业于美国哈佛大学经济系，获经济学博士学位；2004 年任清华大学经济管理学院弗里曼讲席教授；2005—2018 年，历任清华大学经济管理学院经济系主任、经济管理学院副院长、经济管理学院常务副院长；2018 年任清华大学经济管理学院院长。

主要理论/贡献

　　白重恩作为中国著名的经济学家，长期致力于发展与转型经济学、组织与激励经济学、公司治理、金融、产业经济等领域的研究。他的研究成果在国内外享有盛誉，为中国经济发展及市场经济体制改革的深化提供了有力的理论支持和实践指导。多年来，凭借扎实的经济学功底以及学者的社会担当，他在国企改革、医疗体制改革、收入分配、经济结构转型、户籍制度、公共财政税收等多个领域均提出了许多建设性意见，为国家经济社会发展以及市场经济制度的完善做出了巨大的贡献。此外，白重恩还积极参与国际交流与合作，为增进国际社会对中国经济发展和市场经济体制改革的理解和认识发挥了积极作用。

139

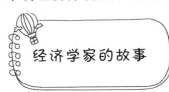

经济学家的故事

　　1979 年，年仅 16 岁的白重恩就考入了中国科技大学数学系。那时的中国正处于一个科技发展的黄金时期，许多年轻人都怀揣着对科学的热情投身于科研工作。白重恩也不例外，他对数学的热爱源于对这个学科的纯粹兴趣。

那时的他，对于未来的职业规划也异常明确：他以后要成为优秀的数学研究人员，成为中国最年轻的数学教授。

然而，随着他在学术领域的不断深入，他的目标也在悄然发生着变化。1983年，白重恩考入中国科学院数学所继续攻读研究生。在此期间，白重恩有幸结识了来中国科学院访问的国际数学大师丘成桐。在丘成桐的推荐下，白重恩计划在硕士毕业后，赴美继续攻读数学博士学位。

当时，无论是本科生还是研究生，都非常关心国家的发展。在工作重心转向经济建设的时期，人们最为关注的是如何让中国的经济变得更加强大，如何进行有效的经济改革。新思想碰撞出的火花点燃了白重恩对经济学的兴趣。于是，在中国科学院数学所攻读研究生期间，白重恩挤出更多时间去读一些数学以外的书籍，了解世界不同国家的经济制度。渐渐地，他对经济学产生了兴趣。他希望通过学习经济学，能够更深入、更系统地探讨中国经济发展中的问题，希望自己能够在经济改革中发挥作用，为国家的发展做出贡献。

幸运的是，到美国后丘成桐对他的决定给予了充分的支持。考虑到自己的研究领域与经济学相距甚远，丘成桐还给他推荐了与经济学有学科交叉的研究数理统计的教授。经过两年的努力，白重恩最终拿到了数学博士学位，并顺利考进了哈佛大学经济系。1993年，他终于实现了自己的梦想，获得了哈佛大学经济学博士学位。

如今，已经走过了几十年科研岁月的白重恩仍然觉得他一直在做的事情非常有意思。从数学到经济学，有一个东西是永恒不变的，那就是严谨的逻辑思维。正是这种严谨的思维方式，使得白重恩将数学与经济学高度融合，养成了格外严谨、高度负责的治学态度与精神。他的研究成果和学术成就得到了广泛的认可和赞誉。有人这样评价他，"说任何话都有自己的研究基础"，这无疑是对他严谨治学精神的高度赞誉。

启迪青少年

141

在白重恩的职业生涯中，他始终保持着对科学的热爱和追求。在攻读研究生期间出于对国家前途和命运的关心，他决定放弃数学的研究而转向经济学的研究，渴望自己能够在经济改革中发挥作用，为国家的发展做出贡献，最终白重恩以其严谨的逻辑思维和高度负责的态度在学术领域取得了很大的成就。他的这种精神和追求成为后辈科学家的发展动力，激励着他们为国家的科技事业不懈努力；也启示我们青少年要保持积极拓展自己的知识面，提高自己的综合能力，为祖国建设添砖加瓦。

亚里士多德：吾爱吾师，吾更爱真理

生平简介

亚里士多德（公元前 384 至公元前 322）是世界古代史上伟大的哲学家、科学家和教育家之一，堪称希腊哲学的集大成者，他是柏拉图的学生、亚历山大大帝的老师。他的著作涉及许多学科，包括了物理学、形而上学、诗歌、音乐、生物学、经济学、动物学、逻辑学、政治、政府以及伦理学。他和苏格拉底、柏拉图一起被誉为"西方哲学的奠基者"。

主要理论/贡献

亚里士多德不仅对哲学思想有着突出贡献，其对经院哲学时期的经济观点也有着明显的影响。亚里士多德对经济思想的主要贡献涉及商品交换以及交换中货币的使用。

他认为，人们的需求是适度的，但欲望是无限的。因此，满足需求的商品生产是恰当与正常的，但力图满足无限欲望的产品生产就是不正常的。因此，亚里士多德认为一个人或一个国家可以通过两种方式赚钱，一种是"经济"，即家务管理的一部分，是自然提供的生活资料。另一种是"货殖"，即无限制地追求货币增值。他认为追求货币增值是违反自然的，因此反对大商业，支持小商业。

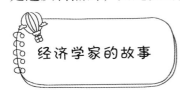

经济学家的故事

亚里士多德，这位哲学家兼经济学家的成长历程，充满着许多曲折和感人的故事。小时候，他和其他贵族小孩一样，十分贪玩，对学习并不感兴趣。他在宫廷里长大，经常和贵族小孩一起玩耍，沉迷于玩乐之中，不思进取。亚里士多德的母亲看到他这样，十分担心，经常提醒他，说道："孩子啊，你应该好好用功读书才对啊。"可是，亚里士多德根本就不把母亲的话放在心上。然而，命运的轮回却在不经意间降临了。亚里士多德的父亲生病去世了，母亲悲痛过度，也病倒了。虽然亚里士多德不喜欢读书，但他是个很孝顺的孩子。母亲生病了，他就一直守在床边照顾她。过了几个月，母亲的病情不但没有好转，反而更加严重了。

143

一天，母亲拉着亚里士多德的小手说："孩子，我快要到另外一个世界去了。你以后要多学习知识，这样才能成为一个有出息的人啊！"母亲去世后，亚里士多德很悲痛，他下定决心要好好学习。

从那以后，亚里士多德拼命地看书学习，在学习各科知识的过程中，亚里士多德发现自己最喜欢的科目就是哲学。在18岁到38岁的时间里，他在雅典跟柏拉图学习哲学，这一时期的学习和生活对他一生产生了决定性的影响。在雅典的柏拉图学园中，亚里士多德表现得很出色，柏拉图称他是"学园之灵"。但亚里士多德并不是崇拜权威，在学术上唯唯诺诺而没有自己的想法的人。他同大谈玄理的老师不同，他努力地收集各种图书资料，勤奋钻研，甚至为自己建立了一个图书室。虽然，亚里士多德非常尊敬老师柏拉图，但在学术问题上，亚里士多德有着自己独到的思考和见解。亚里士多德多次因为学术观点的不一致，和柏拉图发生争论。甚至产生一句名言："吾爱吾师，吾更爱真理。"

 启迪青少年

亚里士多德的成长历程，展现了一个人志向与格局的转变。从小时候的贪玩到母亲去世后的决心学习，亚里士多德的人生轨迹发生了巨大的改变。这种转变不仅仅是因为母亲的离去，更是因为他对未来的追求和对自我价值的认识。同时，亚里士多德在学习和求知过程中，虽然很尊敬老师，但不盲目地跟随老师，而是坚持自己的观点，坚持追求真理，所以他才说出了那句名言："吾爱吾老师，吾更爱真理。"

琼·罗宾逊： 经济学中的女王

琼·罗宾逊于 1903 年出生于坎伯利，是 20 世纪最伟大的经济学家之一，也是世界级经济学家当中唯一的女性，是有史以来最著名的女性经济学家。同时，她也是被西方经济学家公认为应该获得而未能获得诺贝尔经济学奖的经济学家之一。从上大学到留校任教，再到荣休直至去世，罗宾逊一生中的大部分时间都在英国剑桥大学度过。

琼·罗宾逊是新剑桥学派最著名的代表人物和实际领袖，她著作等身，其中最重要的一部著作是《不完全竞争经济学》。这本书开创了微观经济学对市场垄断行为研究之先河，让罗宾逊一举成名。除此之外，罗宾逊还是一位重要的凯恩斯主义者，她为发展补充完善凯恩斯理论做出了卓越贡献，同时也对促进凯恩斯经济思想的形成起到了相当重要的作用。

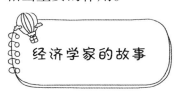

经济学家的故事

147

琼·罗宾逊出生于军人家庭，从小就受到祖父和父亲激进思想的影响，形成了坚持真理、敢于挑战传统的个性，因此她在一众经济学家中是出了名的好战者。不过，虽然罗宾逊对待学术问题态度十分强硬，但她的内心却是柔软无比，她天生就有着悲天悯人的情怀，她穷其一生都在追求一个公正平等的社会。从中学起她就很关注底层人民的生活，希望能让穷人过上更好的日子。

上学时她在伦敦的一个贫民福利工作团体做了很多工作。1926年，她与奥斯丁·罗宾逊结婚后，又随丈夫到印度工作，在那里那些穷苦人民的悲惨生活使她震惊，她因此坚定了自己将来要致力于用经济学来改善穷人的境遇的决心。

回到剑桥大学以后，她急于寻找一种理想的经济学，她曾在书中这样描述过它"我抱着某种模糊的希望，希望它会有助于我理解什么是贫穷以及如何去改变它"。然而在主流经济学框架里，罗宾逊没有找到她想要的答案，于是为了探索改变穷人命运的道路，她走近了马克思。马克思主义经济学是穷人的经济学，她解释了无产阶级受剥削的根源并指出了无产阶级获得解放的道路。此后，受马克思主义经济学的影响，她无比渴望了解马克思主义理论的实践结果，因此她对社会主义国家尤其是中国和朝鲜的社会改革和经济实践给予了充分的关注。

1953 年后，罗宾逊曾经 6 次访问中国。她喜欢晚上跑进中国的剧院，白天则访问合作社、人民公社、工厂、博物院和大学。在中国的调查和访问使她精神振奋。同资本主义社会的生活侈靡、精神颓废、理想丧失相比，她看到了一个朝气蓬勃、欣欣向荣的新世界，她看到了马克思主义在振奋人们精神、推动经济建设中的巨大作用。她深深被中国人民自力更生建设现代化的勇气、智慧和团结所感动，中国人民摆脱贫困的努力和自强不息的精神使她进一步坚定了对马克思主义理论实践的信仰。她也成了中国人民的朋友，在她去世之前还在遗嘱中要求将她的著述销售收入用于资助中国的研究生教育项目。

罗宾逊一直认为"经济学缺少爱"，但她的理论不仅反映了实际问题，而且向社会传递了爱。因此，她毕生关注弱势群体的利益，反对主流经济学冰冷的技术分析，只从既得利益的角度追求所谓的自由竞争和最优效率。琼·罗宾逊的经济哲学也潜移默化地影响了他的学生阿马蒂亚森和约瑟夫·斯蒂格利茨，尤其是阿马蒂亚·森。他有着深厚的人文关怀，研究过公平、正义、贫困和人类发展。他的主要贡献是福利经济学、社会选择理论、饥荒经济理论、发展经济学，并于 1998 年获得诺贝尔奖，弥补了他的老师未获得诺贝尔经济学奖的遗憾。

💡 启迪青少年

罗宾逊一生始终关注底层人民，致力于用经济学来改善穷人的境遇。她的固执和勇气使她不断探索，取得了卓越的成就。她的故事告诉我们，无论身处何地，我们都要坚持真理、敢于挑战传统，同时也启示我们作为青年一代要心系天下，关注底层人民，并为改善他们的境遇而努力，我们也可以成为推动社会进步和改变世界的力量。

149